霧のなかのバーバラ

学習しょうがいを克服した女性の物語

片山恭一
Katayama Kyoichi

文芸社

はじめに

オマール・カンディール

日本とのスピリチャルなご縁は、私がまだ若かった二十代のころに遡ります。サウジアラビア出身の私は、空手修行のために数年間日本に滞在しました。その間に、日本文化や武道精神にすっかり魅了され、心を奪われてしまいました。以来、私は日本という国と人々をこよなく愛しております。またビジネスの上でも、日本で経験し学んだことによって人生を変えるほどの転機を与えられ、いまの成功にもつながりました。そうした経緯から、いつか日本に恩返しをしたいと思いつづけてきました。

現在、私は貧困者を救うマイクロファイナンス・プロジェクトを運営しております。これは貧困者を対象に小口融資などの金融サービスを提供し、彼らの零細事業の運営に役立ててもらおうというものです。それによって自立を促し、貧困からの脱出を目指すことを、私なりのライフワークと考えています。現在は、主に日本企業や日本政府のコンサルタントとして、アジア、欧州、中東におけるソーシャル・レンディングやインパクト投資を進めるお手伝いをしています。

その一方で、私がこよなく愛する家庭においては、ディスレクシア（難読症）とＡＤＨＤ（注意欠如・多動性障害）を抱える子どもの父親として、いろいろ苦労してきました。さまざまな試行錯誤を重ねた末に出合ったのが、バーバラ・アロースミス・ヤングさんが運営される学校だったのです。私の息子は２０１４年にアロースミス・スクールのカナダ校に入学しました。そこで私はアロースミス・メソッドの効果を目の当たりにすることになります。学校に通いつづけるうちに、息子は一歩一歩着実に自立していきました。

この実績に、私よりも大きな感銘を受けたのは妻かもしれません。彼女は自らがアロースミス・メソッドを学び、なんと２０１９年に欧州で最初のアロースミス・スクールを開校してしまったのです。現在はそこで我が子と同じように学習障害を持つ子どもたちをサポートしております。私自身もアロースミス本部取締役員をボランティアで引き受け、より多くの子どもたちのサポートに努めております。

正直なところ、日本における学習障害の認知や教育は、北米をはじめとする諸外国と大きく相違しているのを感じます。日本でアロースミス・メソッドが理解され、受け入れていくまでには、かなり険しい道のりが予想されます。にもかかわらず、学習障害を抱えた子どもの一人の親として、子どもたちが自らの手で障害を乗り越え、新しい人生を切り開いていくためにバーバラさんの経験が活かされた、私が愛するこの日本において、アロースミス・メソッドが広まっていくことを願わずにはいられません。その第一歩として、一人でも多くの人に本書が届いてほしいと思っています。

霧のなかのバーバラ　学習しょうがいを克服した女性の物語　目次

はじめに――3

第1章　霧のなかの少女――11
1　来年まで生き延びられたら驚きだわ／2　右足を引っ張られて出てきたんじゃないの？
3　弱い、遅い、不注意でだらしない／4　なんて融通の利かない娘だろう
5　霧のなかで過ごしている／6　勉強のしすぎで、あの娘は参っている
7　この本のなかにわたしがいる／8　霧を抜けて

第2章　ブレイン・ワーク～脳は未開の大地――73
1　人工知能の研究者たちは／2　人間の脳のおおまかな見取り図
3　現在と未来／4　脳になりきる／5　自作自演のエクササイズ
6　アロースミス・スクール／7　ザカリーという名前の少年
8　関係を理解するということ／9　ザカリーの脳を変える／10　脳を耕す

第3章 人間らしい生き方――141
1 スマホは大丈夫か？／2 気がかりなことが増えている
3 何が原因なのだろう？／4 専門家の意見を聞いてみよう
5 脳は未完成な臓器である／6 二人の子どもをくらべてみよう
7 健康な脳を育てるために必要なもの／8 男もつらいが、人間もつらいよ
9 大人も安全ではない／10 ぼくたちは岐路に立っている
11 自分であること、自由であること／12 たくさんのビスケット
13 パブロ・カザルスの言葉／14 マイナスnとしての人間
15 そうは言っても……／16 父が遺してくれたもの

あとがき――207

装画／小渕暁子　技術翻訳者／浅野義輝

第1章
霧のなかの少女

1　来年まで生き延びられたら驚きだわ

小学生のとき、同じクラスに耳の不自由な女の子がいた。「きみよ」という名前だったと思う。色白のほっそりした子だった。いま想うときれいな顔立ちだった気がする。でも小学二年生くらいの子どもには彼女の障害のほうが目についた。

ぼくには五つほど下の従弟《いとこ》がいて、彼は赤ちゃんのころに罹《かか》ったおたふく風邪か何かが原因で耳が聞こえなくなったということだった。そのため手振りをまじえて「ホワホワ」というような喋り方をした。耳が聞こえないと言葉が喋れないというのは、因果関係のわからない子どもにはかなりショッキングなことだった。きみよさんも従弟と同じような喋り方をした。これもまた不思議だった。やはりおたふく風邪の後遺症なのだろうか？　彼女が「ホワホワホワ」と話しかけてくると、ぼくは当惑して切ない気持ちになった。

耳が聞こえなくては、普通のクラスで授業を受けるのは難しかったと思うけれど、彼女はぼくたちと一緒に国語や算数の授業を受けていた。よく学校を休むので、先生に頼まれて配布物などを家まで持っていくことがあった。そのなかにはテストの答案用紙なども交じっていて、さりげなく見ると点数はかなり悪かった。

彼女の家は格式のある商家のような造りで、訪問するといつも着物姿の上品なお母さんが出てきた。顔立ちはきみよさんに似ていたけれど、彼女はもちろん「ホワホワホワ」とは言わず、てきぱきした口調で「いつもきみよのことを気にかけてくれていてありがとう」などと言われた。「クラスではあなたがいちばん親切にしてくれると言っているわ」と告げられたときには、(ひょっとしてぼくを将来のお婿さん候補と考えているのでは?)と思ったりした。

それは困る。

ぼくにはすでにようこちゃんという好きな子がいたので、きみよさんと一緒になるわけにはいかなかったのだ。きみよさんに親切にするのはいいけれど、あまりやり過ぎるとお婿さんにされかねない。ほどほどにしようと思い、それからは届け物もできるだけ別の女の子などに代わってもらうことにした。心理的にも物理的にも疎遠にしているうちに、きみよさんはいつのまにかぼくたちのクラスからいなくなった。やはり学習が困難なので、特別な学校へ行くことにしたのかもしれない。

障害のせいできみよさんがいじめられたりすることはなかったけれど、なにしろ取り扱い方がわからないので、みんななんとなく敬遠している感じだった。たしかに身振り手振りで「ホワホワホワ」と言っている女の子とのコミュニケーションは難しい。自《おの》ずと彼女のまわりに人の姿はまばらになる。彼女を取り巻く半径十メートルの空気は、周囲の気温よりもやや低い気がした。なかにいる本人も、けっして居心地は良くなかっただろう。

バーバラさんの場合はどうだろう？　まわりの大人や子どもたちは、どんなふうに彼女に接したのだろう？　もしそんな少女が身近にいたら、ぼくはどうしただろう？　何かを感じてアクションを起こしただろうか。当惑して、少し離れたところから眺めるばかりだっただろうか。そもそも彼女はぼくにとって「存在」しただろうか。

バーバラ・アロースミス・ヤングは、１９５１年11月28日水曜日の午前9時15分にカナダのトロントで生まれた。オンタリオ州、トロント市。当時のトロントは人口が百万人余りというから、ぼくが住んでいる福岡市と同じくらいだ。でも行ったことがないのでよくわからない。ものすごく寒いことは想像がつく。なにしろ緯度が44度近くある。

福岡市の緯度は30度くらいだ。人口と緯度、これでは何もわからない。

ぼくの大好きなロック・ミュージシャンであるロビー・ロバートソンが、やはりトロントで生まれている。1943年だからバーバラさんが生まれたとき、ロビー少年は八歳だったことになる。「魚市場にはとびきり新鮮な魚たちが並び、一緒に運び込まれた海、湖、川の匂いが素晴らしかった」と自伝に書いている。なるほどトロントはオンタリオ湖に面していて、そこからセント・ローレンス川を下れば北大西洋だ。

ロビー少年が物心ついたころは、騎馬警官が裏通りや公園や目抜き通りをパトロールし、廃品業者が「ぼろ布、骨、鉄くず」と声を上げながらうろついていたそうだ。「肥やしの臭いも、ダウンタウンの都会の暮らしという混合物のなかでは独自の役割を担っていた」と懐かしそうに回想している。騎馬警官と廃品業者と肥やしの臭いという取り合わせが面白い。おそらくバーバラさんが生まれたころのトロントも、こんな感じだったのだろう。

彼女にはアレックスとグレッグという二人の兄がいた。のちにドナルドとウィルという弟たちも生まれる。二人の兄と二人の弟、そのあいだに生まれたたった一人の女の子がバーバラだった。幼いうちは性の意識も希薄だから、彼女は二人の兄たちを身近な手本として大きくなった。

本人も兄弟たちと戸外で遊ぶことを好んだ。みんなでかくれんぼをしたり、自転車に乗ったりするのが好きで、冬になると父親が裏庭に水を撒いてスケート・リンクを作りスケートをした。しかし両親は早くから、バーバラが他の子どもたちよりも事故に遭いやすいことに気づいていた。家に帰ってきたとき、腕や足にたくさんの痣《あざ》や傷がついていることが多かった。木や自転車から落ちたり、芝生に置いてある家具にぶつかったりしてできたものだった。

彼女のいちばん古い記憶の一つは三歳のときのものだ。父親が裏庭に放り出しておいたクリスマス・ツリーを跳び越えようとして失敗した。兄の一人がけしかけたらしい。挑戦を受けて立ったバーバラは、全速力で木に向かっていった。ところが気がついたときにはクリスマス・ツリーの真ん中に突っ込んでしまっていた。いったい何が起こったのだろう？　速度や跳躍力が足りなかったのか？　サンタのいたずらでツリー周辺の重力場は1Gよりも大きかったのか？　驚いたのは本人よりも、一部始終を見ていた二人の兄たちだったかもしれない。こうして彼女の果敢な挑戦は、顔に刺さった松葉を父親に一本ずつ引き抜いてもらうという、やや残念な結果に終わった。

もう一つ。やはり三歳のころの思い出だ。彼女は家の前の車寄せで遊んでいた。どんな子どもでもやるように、頭のなかで想像したことをゲームにして実行しようとした。そのとき彼女が思いついたのは「マタドールと闘牛」というゲームで、本人が猛牛となって、マタドールに見立てた車に突っ込んでいくというものだ。もちろん停車中の車である。全速力で突っ込み、最後の瞬間に間一髪で避ける。彼女のゲーム設計では、そうなるはずだった。

本物の闘牛でも牛がマタドールをめがけて猛然と突っ込んでいく。その点で幼いバーバラのゲーム設計は間違っていない。問題はマタドールが身をかわしてくれなかったことだ。やっぱり両親の車をマタドールに見立てたところがまずかったのではないだろうか。もう少しぶつかっても安全なものにしたほうがよかったかもしれない。だが猛牛としてのバーバラには自信があった。あわやというところで（マタドールではなく牛のほうが）軽く身をかわせばいいのだ。彼女は適切な位置から助走をつけ、にっくきマタドールを鋭い角で八つ裂きにしてやる形相で突っ込んでいった。八つ裂きにされたのはバーバラのほうだった。車を避けられず、頭から突っ込んだために数針縫う羽目になったのだ。

　もしぼくが隣に住んでいて、たまたま現場を通りかかったとする。目の前で両親の車に頭から突進していく三歳の少女。やはり立ちすくみ、唖然としただろう。奇怪なものを見たという印象が後々まで残り、ひょっとすると夢でうなされたかもしれない。うちの母親がその場を目撃したら、「もうバーバラちゃんと遊んじゃいけません」ときつく申し渡した可能性もある。

　幸いバーバラの母親はもう少し鷹揚《おうよう》だった。

「来年まで生き延びられたら驚きだわ」

　車のエンジンをかけながら、助手席の娘を見て彼女はそうつぶやいた。「呆れた」という口ぶりの下には動揺が隠れている。それを幼い娘に悟られまいとしたのだろう。

　このとき母親は、自分の娘が他の兄弟たちと違うことに気づいたはずだ。やがてそれは確信に近いものになっていく。同じような出来事は、これが最後ではなかったからだ。「この子は五歳になる前に死んでしまうのではないか」と本気で心配したのも無理はない。

　病院に向かう車のなか、タオルで出血を押さえていた幼いバーバラ。きみはどんな気持ちだっただろう？　わが身に起きたことをどう思っただろう。やっぱり動揺しただろうか。ぼくがきみだったらどうだろう。自分のなかに、自分とは別の人間がいるように感じただろうか。自らを欠陥品のように思っただろうか。

予断を許さない事態であることは間違いなかった。「油断がならない」と言ったほうがいいかもしれない。きみは自分にたいして油断がならなかった。注意して見張っていないと、「この子は五歳になる前に死んでしまうのではないか」というお母さんの心配は現実になってしまいそうだった。

2　右足を引っ張られて出てきたんじゃないの？

車に向かって走っていくときの速度。時間ごとの車との距離。これを関数にすると、けっこうややこしい数式になるはずだ。ところが人間の子どもは、バーバラが挑戦に失敗した三歳くらいでも、この難問をいともたやすく解いてしまう。関数なんてまったく知らないのに。知らないから解けるのかもしれない。知っていたら、かえって難しくなるだろう。

人間の三歳といえば半分は動物だ。数字も関数も知らない動物が、停止している車にぶつかることはまずない。これは動物たちに、自分と対象との関係性を正しく認知するための空間知覚と、飛んできたボールをとっさによけるといった運動感覚が備わっているせいだ。人間の三歳児は、犬や鹿やバイソンほど敏捷《びんしょう》ではないが（おそらく彼らから見れば、「こいつら過酷な生存競争のなかでとても生き残れないぜ」と思えるくらい鈍いだろうが）、止まっている車を走りながらよけるくらいのことはできる。ウサイン・ボルトみたいなスピードで走っていくわけじゃないんだから。

ところがバーバラには、この普通なら簡単にできそうなことができなかった。激突して数針縫う羽目になったというのだから、ちょっとした失敗という程度ではない。笑いごとでは済まない。かなり深刻な生存上のリスクを抱えていると言っていい。空間知覚や運動感覚が、なんらかの原因で正常に発達していない可能性があった。そんなことは小さなバーバラにはわからない。いまはただ用心するしかなかった。

母親には出産のときから気になることがあった。本人は無事だったが、生まれたばかりの娘の身体は左右非対称だったのだ。のちに母親は、「産科医に右足を引っ張られて出てきたんじゃないの？」と冗談めかして話すことがあった。実際にバーバラの右足は左足よりも長く、骨盤は傾いていた。右腕は妙な角度で曲がったままで、けっして真っ直ぐになることはなかった。右目は左目よりも機敏で、背骨に歪《ゆが》みがあり、軽度の脊柱《せきちゅう》側彎症《そくわんしょう》だった。

要するにバーバラの小さな身体は、生まれつき外見的にもいびつだったのだ。のちに彼女自身は、「身体の左半分が異国のような存在だった。生まれたときに脳卒中を患ったみたいだった」と振り返っている。これは重度の神経障害によるものであり、おそらく原因は脳にあった。だが、それが判明するのはずっと先のことである。それまでバーバラは苦難の道を歩みつづけなければならない。

うちの次男にも出産時のトラブルが原因と思われる障害があった。最初に気づいたのは三ヵ月児健診のときだ。次男を診察した医師から首のすわりが悪いことを指摘された。それから一ヵ月ほどのあいだ、ぼくたちは毎日のように赤ん坊を連れて病院に通い、いろいろな検査を受けさせた。脳波をとり、薬で子どもを眠らせて頭部のCTをとった。いずれの検査でも、これといった異常は見つからない。

おそらく出産時の酸素欠乏のために、脳の細胞の一部分が壊死しているのだろう、というような説明を受けた。ＣＴはあくまで断層写真で、それも2センチとか3センチといった間隔でスキャンされたものに過ぎない。うまく写ればいいが、小さな障害の場合は捜査線上に引っかからないこともある。なるほど、ＣＴに引っかかるほどの障害ではないのか、とぼくたちは考えることにした。

次男の出産にかんしては、いくつか気になる点があった。出産前に破水をしたこと。回旋異常があり、三度も吸引をしたこと。そのときの分娩室の様子が慌ただしかったので、分娩のあいだも心のどこかで不安だった、と妻は次男の異常が明らかになってから振り返った。出産直後の新生児の状態を評価するアプガー・スコアは9点と正常だったが、四日目にはミルクと一緒に血を吐いている。さらに妻が退院したあとも、次男は貧血と心雑音で入院しつづけ、エコーや心電図、採血などの検査を受けた。

一通りの検査を終えた段階での医師の見通しはつぎのようなものだった。赤ん坊の脳のどこかが壊死しているのは間違いない。その部位はいまのところ特定できていない。したがって今後現れてくる障害の種類と程度にかんして、いまの段階で断定的なことは言えない。種類についていえば、まず大きく肢体障害と知的障害に分けることができる。知的障害の場合は、長く経過を追わないと正確なところはわからない。小学校や中学校に上がるころになって現れてくる障害も稀《まれ》にある。しかしおおよその見通しは言葉の出方でわかる。言葉が正常に出るようなら、まず問題はない。

肢体障害にかんしては、それよりも早くわかる。首がすわるかどうか、寝返りが打てるかどうか、這い這いができるかどうか。這い這いができるようなら、ほとんどの場合は歩けるようになる。ただし他の子よりも時間はかかるし、歩行等に障害が残るかもしれない。寝返りが打てず、這い這いもできない場合、わずかな確率ではあるが寝たきりになる可能性がある。

3　弱い、遅い、不注意でだらしない

1958年6月、バーバラは小学校での最初の一年間を終える。彼女が家に持ち帰った通信簿は、初期の学習困難を物語っていた。まず自信不足。質問に答えることに消極的である。読解力にも問題がある。「たいへんよくできました」や「よくできました」は一つもなかった。算数の評価は「ふつう」だったが、「数字（2や3など）に自信がない」というコメントが付け加えられていた。

書字にかんする懸念もあった。英字を活字体で書く「プリンティング」の評価は「がんばろう」で、コメント欄には「枠内に収まっていない」と記されていた。いささか婉《えん》曲《きょく》的に記された通信簿とは異なり、教室でのバーバラはかなり深刻な事態に直面していた。彼女が書く文字や数字は、なぜか鏡に写したように反対向きになってしまうのだ。たとえば6が9になったり、bがdになったりした。書く方向も左から右ではなく、右から左だった。そのためノートの文字は手で擦られて汚くなった。

哲学者のルートヴィヒ・ヴィトゲンシュタインは、第一次大戦が終わると哲学とは縁を切ってオーストリアの山村で教師になった。大戦中に書き上げた『論理哲学論考』によって、哲学の問題はすべて解決したと考えたからだ。だが彼にとって教師ほど不向きな職業はなかった。気難しく怒りっぽい元哲学者は、しょっちゅう子どもたちを叱り、出来の悪い生徒には体罰を加えることもしばしばだった。エスカレートして子どもたちに怪我をさせたこともあり、こうした粗暴さが問題となり教師を辞めさせられてしまう。

バーバラの担任は元哲学者ではなかったけれど、やはり暴力的だった。まだ新米だった彼女は、混乱をきわめたバーバラの鏡文字を教師である自分への反抗と受け取ったらしい。おかげでバーバラはクラス全員の前で鞭《むち》打たれるという屈辱（と痛み）を味わうことになる。さらに新人教師は自分の生徒のノートに正しい文字が並ぶまで繰り返し書かせた。汚れたノートも気に入らない。子どもは何度も書き直しを命じられた。

悲しいことに、どんなに頑張っても文字は反転してしまい、右から左に書いてしまうこともしばしばだった。失敗による無力さを感じた。不安とストレスで手のひらは汗まみれになる。その汗でインクの文字が滲《にじ》むと、教師はこれも自分への反抗と捉え、さらに激高した。子どもは文字を書くこと自体に怖れを抱くようになった。

娘の学習困難には母親も気づいていた。一年生が終わるころになると、彼女は娘の勉強の手助けをするようになる。幸い自宅は学校と通りを隔てて向かいにあった。昼休みに家に帰ったバーバラは、母親から二十分間ほど特訓を受けた。このとき使われたのが、学習教材の定番とも言えるフラッシュ・カードである。表に「2＋2＝？」「4＋1＝？」「6＋3＝？」といった具合に問題が書かれている。裏にはその答えだ。

このエピソードは二つの点で興味深い。一つはバーバラが特訓の場所として家のなかでいちばん明るい場所を選んだことである。彼女は母親を説得して窓の前に坐らせることに成功した。母親がカードをかざすと、裏に書かれた答えが透けて見えるというわけだ。さすがに母親も気づいて、途中からは答えの部分を指で隠すようになったらしいが、いかにもバーバラらしいエピソードである。子どもは子どもなりに知恵を絞って、自分の学習困難を回避しようとしたわけだ。このような傾向は障害を抱える子に広く見られるものらしいが、バーバラはとくに自助努力の性格が強かったように見受けられる。それはのちに彼女が自身の学習障害を克服していく原動力になる。

もう一つは、母親がフラッシュ・カードを使ったことだ。このトレーニングの目的は、映像記憶を伴う「暗記」の獲得と定着にある。単純で面白みのないやり方だが、脳のある領域に強い認知的な刺激を与えることができる。それは後年、彼女が構築していく「アロースミス・プログラム」にも通じている。プログラムの根底にある哲学は、「可塑《かそ》性」という脳の特質に働きかけることによって、脳自体を変えていくというものだからである。

幸いバーバラは暗記が得意で、自分の脳に大量の情報をインプットすることができた。おかげで算数の計算問題などはできるようになったが、それは障害の克服というよりは回避や置き換え、隠蔽に近いものだろう。どう考えても根本的な原因に対処するものではない。当面の問題はクリアできても、いずれより大きな問題に突き当たることは目に見えていた。

もう一つ、このやり方の欠点は多大の時間と労力を要することだ。数多くの問題を反復練習して叩《たた》き込む必要があるからだ。「小学校一年生の時点で、わたしはすでにワーカホリックになっていた」とのちにバーバラは述懐している。それほど頑張らないと、一年生を無事に乗り切れなかったのだ。

当然のことながら、本人は大きなストレスを抱えることになる。リーディングや算数の授業を避けるために、しょっちゅう手をあげてトイレに行き、そのまま終業のベルが鳴るまで隠れていることもあった。ストレスが高じると発作に近い反応が起きた。教室のなかで突然泣き出したり、頭を机に打ち付けたりする姿が見られるようになった。

学年が上がるごとに、困難の度合いは増していった。勉強の内容が難しくなっていくから当然だろう。相変わらず文字や数字の反転はつづいていた。たとえば足し算で「12＋13は？」という練習問題を解くとき、バーバラは反転させた数字21と31を足して52という答えを得る。これをもう一度反転させると25となり、偶然に正しい答えにたどり着く。逆に言うと、偶然にしか正解を出すことはできなかった。

学校は苦痛と屈辱の場所でしかなかった。ストレスにたいして人間の身体は正直に反応する。学校や習い事がいやでお腹や頭が痛くなるのは、小さな子どもにはよく見られることだ。実際に下痢をしたり髪の毛が抜けたりすることもある。

多くの親には心当たりがあると思うが、とにかく学校というのは、子どもたちにとってストレスの多い場所である。うちの子どもたちの場合、暗い顔をして口数が少なくなると、はは～ん、学校で何かいやなことがあったんだなと想像がつく。とりあえず美味しいものを食べさせる。一緒に映画などを観る。そんなことをしているうちに、だんだん元気になっていく。幸い彼らの苦難はその程度のものだったようだ。

バーバラの場合はもっと深刻である。授業に立ち向かう勇気が枯渇してしまう日もあった。三年生の通信簿には「バーバラの病」という項目が設けられていた。要するに仮病である。体温計を電球に当てて、熱があると母を納得させたらしい。英語や理科で奮闘していることは通信簿にも記されていた。数学については「計算問題を克服するためにとてもよくがんばっている」と先生のコメントが書き込まれていた。克服する。そのとおり。計算問題を解くことはバーバラにとって、険しい山を一つひとつ登頂していくくらい大変なことだった。

四年生になると、先生のコメントはさらに辛辣で率直なものになっていく。「算数の問題を解く能力が極端に弱い。書くことは全体的に非常に遅く、不注意でだらしない。作文にはもっと注意深さが必要」。容赦のない言葉が並ぶ。一年間の欠席日数は三十九日間にも及んだ。

五年生に上がっても、算数と読書力の苦戦はつづいていた。「足し算や掛け算表の暗記はたたき込みと反復練習で何とかなります」と、先生は励ましの言葉を書き添えてくれていたが、そんなことはとっくの昔にやっていることだった。それでも期待に応えられないから、彼女は悩み、大きなストレスを抱え、学校へ行くことができなくなってしまうのである。このパターンは小学校を卒業するまで繰り返された。

八年生（中学二年生）になるころには、算数問題は解けるようになっていたが、答えを出すまでに多くの時間が必要だった。とりわけ「高速算数」には大いに不安をかき立てられた。やらずに済むなら、そのためにどんなことでもしてもいいと思うほどだった。

この「高速計算」なるものは、一ページ分の計算問題を五分以内に完了しなければばいけないという一種のドリルだった。問題は解ける。だが五分ではとても足りない。そこでバーバラは前の夜に教材をこっそり家に持ち帰り、全問の答えを計算して、鉛筆で答えを薄く書き込んでおいた。翌日の授業では、答えをなぞればいいだけだ。

これが練習問題を時間内に終わらせる唯一の方法だった。自分で問題を解いてはいたものの（ただし家で）、不正なことをしているという後ろめたさからは逃れられなかった。

4　なんて融通の利かない娘だろう

父親は一人娘のバーバラを溺愛していたが、それは図らずも彼女にプレッシャーをかけることになった。十三歳のとき、バーバラは父親から、「おとうさんには四人の息子がいるけど、娘は一人しかいない。大物になってくれよ」と言われた。褒め言葉のつもりだったのかもしれないが、本人には荷が重すぎると感じられた。

バーバラが彼のお気に入りであることは明らかだった。そんな父や家族を失望させないために、これまでの何倍も努力をしようと思った。しかし学習に大きな困難を抱えている娘が成功するには、果たしてどうすればよかっただろう。学業との葛藤は大きくなるばかりだった。両親を失望させたくないという思いから、彼女は失敗を極力隠すようになった。

親たちも薄々感づいていたのではないだろうか。うちの一人娘は他の兄弟たちと違ったところがある。聡明なこの子はどこかバランスを欠いている。簡単なことができなかったり、当たり前にわかっていいはずのことがわかっていなかったり。人は見たいものだけを見る。とくに親が子どもを見る目には通常の誤差以上のものが入り込むらしい。1966年、バーバラが十五歳の年のヤング家のクリスマス・ニュースレターに、母親は娘のことを「几帳面で注意深い」と書いている。母親にはそう見えていたわけだ。いや、見えたとおりの子であってほしいと願ったのかもしれない。

高校に入学するころには、概念的なものを他の人のようにうまく理解できないことが、彼女のなかでそれまで以上にはっきりしていた。推論したり論理的に考えたりといったことがまったくできなかった。象徴、比喩、時間的な因果関係、数学的・化学的な方程式……これらを理解するのは、手で光の粒子を捉えるのと同じくらい困難なことだった。

新聞記事やテレビのニュースがわかる。この場合の「わかる」とは、その場で遅延なしに理解できるということだ。彼女には奇蹟に近いくらい想定しがたいことだった。一つの記事を読んで、まず考えるのは「この人はいったい何が言いたいのだろう?」ということだった。五回、十回と読み返しても、完全に理解することはできなかった。学校の授業では物事の意味を理解することも、また何が重要で何がそうでないかを判断することもできず、結局、先生が言うことをすべてノートに書き留めるしかなかった。

普通の会話では、天気以外の話は複雑すぎてついていけなかった。誰かが何かを言うと、その意味を理解するのに時間がかかり、いつもみんなから五歩くらい遅れて歩いているような感じだった。記憶力はよかったので、聞いた会話を頭のなかで何度でも再生することができ、そのうちようやく「こういうことかな?」とおぼろげに見当がついてくる。よし、自分も何か言って会話に加わろうと思ったときには、すでに話は先に行っていたり、とっくに終わっていたりした。

一つのことについて何人かで話していると、まったく意味がわからなかった。ある映画について一人が意見を言う。主演男優がよかったわね。別の一人が違った意見を言う。でも相手役の女優がいまいちだなあ。ストーリーは面白かったと思うけど。結末がちょっと唐突じゃなかった？　という具合に会話はしだいに熱を帯びて、加速し、錯綜してくる。

通常の会話では当たり前のことが、バーバラには複雑すぎた。一つの意見（あの俳優の演技はどうだ）を理解するだけでも大変なのに、そこにまた別の意見（でも相手役がねえ）が加わる。一つの意見が加わるたびに、バーバラにはそれが見知らぬ侵入者のように思えた。一つ理解したこと（主演男優の演技はいい）は、しっかりつかまえておかないと消えてしまう。そこに別のもの（相手役、ストーリー、結末など）が混入すると、せっかく理解していたことがわからなくなってしまう。つかまえていたものがどこかへ行ってしまう。

お手玉を例にとってみよう。二つの玉を同時に操ることは、ぼくたちでも慣れないうちはかなり難しい。しかし練習すればなんとかなる。三つになると、さらに難易度は上がる。できるようになるには、かなりの修練が必要だ。バーバラにとって数人の会話についていくことは、幾つもの玉を同時に宙に放りつづけるようなものだった。

彼女は一つの玉だけをしっかり手に握っていたかった。手になじんで、もう大丈夫と思えば、その玉を右から左へ、左から右へ交互に投げることくらいはできるかもしれない。しかし一度に三つも四つも玉がやって来たら、いったいどうすればいいのか？　すべての玉を両腕で抱えて落とさないようにするのが精いっぱいではないか。

いつも単語と単語の関係には困惑させられたが、一つの単語でも油断はできなかった。算数の授業で掛け算や割り算をしろと言われても、「掛け算」や「割り算」という言葉の意味が理解できないのだからどうしようもない。そこで賢いバーバラは演算を色に置き換えることにした。割り算は赤、掛け算は緑といった具合である。色は言葉よりも扱いやすかった。

些細な言い間違い。これも彼女を悩ませたことの一つだ。たとえば「芝刈りをするから刈り機を見つけなきゃ」と言うつもりが、「草刈りをするから掃除機を見つけなきゃ」と言ってしまう。言った本人も、おかしいとは思っている。でも適切な言葉が見つからない。ジグソーパズルで埋めるべきところに、形は似ているけれどかみ合わないピースを置いてしまうようなものだ。「芝（lawn）」のかわりに「草（grass）」を、「刈り機（mower）」のかわりに「掃除機（vacuum cleaner）」を。

これは「意味性錯語（semantic paraphasia）」と呼ばれるらしい。「錯語

(paraphasia)」とは誤った単語を用いることである。この障害をもつ人は、類似する単語を混乱して使ってしまう。バーバラの場合もそれが頻繁に起きた。たとえば兄弟たちに「テープ・レコーダー」を直してほしいのに、「ラジオ」と言ってしまう。二つの単語の違いはわかっているのだが、つい誤った単語が口から飛び出してしまう。単語とそれが意味する対象とが、頭のなかでしっかり結び付いていないのだろう。だから文章にしようとするときに混線して、類似した単語と入れ替わってしまう。

もう一つ、バーバラには重大な神経学的欠陥があった。のちに彼女はこれを「象徴関係の欠如(symbol relations deficit)」と呼ぶようになる。一つ例をあげよう。文学の授業でハーマン・メルヴィルの『白鯨』を習う。この巨大な白い鯨は何を象徴しているのか? 授業中にとったノートには、「鯨は達成不可能な目標を象徴しており、それはエイハブ船長にとって自己破滅的な執念になっている」と記してある。彼女が自分で書いたのだ。だがバーバラにとって鯨は鯨であり、なぜ「達成不可能な目標」や「自己破滅的な執念」と結び付くのか理解できなかった。

そもそも言葉や言語を理解するとはどういうことだろう? 「鯨」という単語の意味を理解するだけならフラッシュ・カードで事足りる。だが、そこから先に進めない。

「鯨」はどこへも行けない。たとえば鯨を「哺乳類」という別の単語と結び付けることができない。よろしい。ここでもフラッシュ・カードだ。「哺乳類＝雌が子どもに授乳することが特徴の一つである動物」とおぼえてしまう。では猫は？　鯨と猫はなぜつながるのか？　こんなふうに考えていくと、暗記はできても理解できないという、バーバラの抱える問題の本質が少しずつ明らかになってくるのではないだろうか。

ぼくたちが「猫」という単語を使うとき、「ネコ」という言葉のなかには「小さな哺乳類」とか「肉を食べる動物」とか「身体が毛で覆われている」とか「爪でひっかく」とか、幾つもの情報が集約されている。これらがうまく処理できて、はじめて猫と犬、猫とライオンを結び付けることができる。言葉と言葉が結び付き、そのネットワークが広がることで世界を理解していく。

ところが脳の一部がうまく働いていないと（たとえばバーバラが「象徴関係の欠如」と呼ぶような神経学的欠陥があると）、言葉同士はばらばらでつながりがなく、したがって世界は意味のない、断片的なものになってしまうだろう。「つながり」ということがわからなければ、なぜそれが起こったのかを理解することができない。このため混乱し、いらいらしてしまう。これが高ずると机に頭を打ちつけるといった自傷行動に走ってしまう。

バーバラには世界が手に負えないものに感じられた。原因と結果のあいだが断線している世界は、ただ恐ろしい場所でしかなかった。「地面は絶えず足元で動いていて、まるで流れる砂の上を歩いているみたいだった」と彼女は述べている。確かなものは一つとしてない。すべては流れ、動き、揺らぎつづけている。世界は一瞬もじっとしていない。一秒たりとも同じ姿をとどめていない。常に痙攣《けいれん》し、溶けて、崩れ落ちつづける。あたかもフランシス・ベーコンの絵のように。

5　霧のなかで過ごしている

当時の状態を、本人は「厚い霧のなかにいるようだった」と述べている。なるほど、感覚的によくわかる比喩である。「綿菓子（cotton candy）」という言葉も使っている。全身がべたべたしたものに覆われていて、世界を明瞭に見たり、触ったり、関わったり、把握したりすることを妨げているということだろう。

二十七歳になるまで、バーバラのなかで読んだり聞いたりしたことが意味としてしまっかり結び付き、「なるほど」と腑に落ちるようなことは一度もなかった。物事の断片や背景、全体的な感じはわかっても、確信をもてるには至らなかった。このため論理的に矛盾していることを言われても、矛盾に気づかず騙《だま》されやすかった。

冗談が理解できないので、他の人が笑っているときには、とりあえずみんなに合わせて笑うようにしていた。誰かに話しかけられるのが怖かった。どう答えていいかわからないからだ。その人が言っていることは、顔の表情や声の感じからなんとなくわかる。怒っているのか、同意を求めているのか、何かをたずねているのかくらいのことは。しかし話の内容を正確に理解しているかどうかわからない。ひょっとしておかしな反応をしてしまうのではないか？　ぼくたちが不如意な外国語で質問されることに身構えるようなものかもしれない。

生徒に暴力をふるって馘首《くび》になったヴィトゲンシュタインが、まだ哲学者であったころにこんなことを言っている。「ライオンが言葉を話せるとしても、人間はライオンを理解することができないだろう」。バーバラにとって友だちはライオンみたいなものだった。ライオンは彼女にもわかる言葉を話している。しかし彼女はライオンを理解することができない。なぜライオンたちは笑っているのだろう？

いつもひとりぼっちだと感じた。他の人は楽しそうにしているのに、なぜ自分だけ取り残されているのだろう？　楽しそうにしているライオンたちを見て、一緒に加わって楽しみたいと思うけれど、どうしても彼らを理解することができなかった。いつも自分と彼らとのあいだには一枚のガラスがあった。ガラスは透明で、向こうで起こっていることはよく見えるけれど、けっして破ることはできない。世界はいつも窓ガラスの向こうにあった。

二重否定という用語法がある。一つの文章のなかで否定をあらわす言葉を二回使うことによって肯定の意味をあらわす。「彼の作品を知らない訳ではない（I am not unfamiliar with his work.）」とか「同意しない訳ではない（I do not disagree.）」といったものだ。このような二重否定が、バーバラにはまったく理解できなかった。いくら考えても意味がわからないのだ。

あるいは「男の子がカンガルーを追いかける（The boy chases the kangaroo.）」と「カンガルーが男の子を追いかける（The kangaroo chases the boy.）」は、彼女の耳には同じ意味に聞こえた。紙に絵を描いてみるとか、状況を頭のなかで思い描いてみるとかしないと、二つの文章の違いを確認できなかった。学習ノートはいつも絵でいっぱいだったが、それは視覚化することでなんとか意味を理解しようとする、彼女の涙ぐましい努力の跡だった。

授業中に質問されても、質問の意味がわからなければ答えられるわけがない。試験では問題の意味を理解できているか自信がなかった。さらに自分の書いた答えが意図した意味を伝えているかどうかもわからない。だから答案用紙が返ってくるまでは、いつも不安でいっぱいだった。自分の成績が合格ラインに満たないのか、それとも満点に近いのか、まったく予想がつかなかったからだ。大きな失敗をしなかったのは記憶力のおかげだった。意味を理解していなくても、暗記した内容をそっくり答案用紙に書き写すことはできる。

点数は試験のたびに不合格から90点まで大きく変動した。それは教師たちを困惑させた。成績のいい生徒はいつも成績がいいし、悪い生徒は安定して悪い。普通はそういうものだろう。テストの成績を左右するのは、頭の良し悪しよりもむしろ勉強量だ。一度いい成績をとれば、つぎもある程度の点数をとることが期待される。その生徒は勉強することに目覚めたのだから。もちろん彼女は目覚めている。すでに小学一年生の時点で

「ワーカホリック」であることを自覚していたくらいだ。普通の子が彼女くらい勉強すれば、常に教師たちを満足させることができただろう。

だがバーバラの武器は暗記しかない。彼女が「中毒」であったのは、唯一の武器を目いっぱい使おうとした結果だった。そして暗記したことを、どのくらい吐き出せるかが得点を左右した。当然のことながら、試験には暗記が必要なものとそうでないものがある。いくら準備して試験に臨んでも、毎回コンスタントにいい点数がとれるわけではないのだ。この当たり前のことが教師たちには理解できない。成績が悪いのはたんに勉強不足ということになる。それ以外の可能性は彼らには見えなかった。

試験が終わったときにはいつも疲労困憊《こんぱい》していた。無理もない。「お疲れ様」と言ってあげたいところだが、孤独な彼女は一人でオカルトめいた奇妙な儀式を執り行う。地下室にある乾燥機に頭をガンガンぶつけること。そうやって頭のなかを空っぽにしたかったのかもしれない。衝撃で頭の故障が直ると思ったのだろうか？　ぼくたちが映りの悪いテレビを拳で乱暴に叩いたりするように。髪の毛を乱暴に引き抜くこともあった。これは一種のストレス反応だろう。そのころバーバラは頭痛や腹痛を訴えたり、風邪を引いたり感染症にかかったりすることが多かった。いずれも処理しきれないストレスのせいと考えられる。過剰なストレスが身体の抵抗力を奪っていたのだ。

ベッドの上に本を広げたまま、身も世もなく泣きつづけることもあった。家には「スター」という名前の猫がいた。この飼い猫だけがバーバラに寄り添い、咽喉《のど》をゴロゴロ鳴らして彼女の嘆きや苦しみに辛抱強く付き合ってくれた。なんとも悲しい話だ。痛みに寄り添ってくれる（と本人に感じられる）のが、飼い猫だけだなんて。

十四歳になるころは、あまりの辛さに自殺を考えるようになっていた。苦痛と疲弊、終わりのない困惑や葛藤に終止符を打ちたかった。ある日、彼女はそれを実行する。剃刀で手首を軽く切って眠ってしまえば目が覚めないと思った。だが翌朝には普通に目が覚めた。最初に思ったことは、「また失敗してしまった」ということだった。のろまな娘がまたドジをした。バーバラは自殺さえできない自分を責めた。

それでも日々はつづいていく。友だちとの交わりは楽しいどころか、彼女にとっては苦痛でしかなかった。みんなが話していることは理解できないし、彼女自身は一度に一人としか話ができなかった。バーバラほどパーティにふさわしくない人間はいないだろう（彼女が苦手とする二重否定だ）。そのことは本人もわかっていたが、かといって自分を変えることはできない。どうしても出席しなければならないパーティでは地獄同然の苦しみを味わうことになる。できるだけ人を避け、誰かから話しかけられるのではないかとびくびくしながら、身をすくめて静かに坐っているのが精一杯だった。

もともと友だちは少なかった。その数少ない友人には、たとえば計算機を買うときなどに一緒にきてもらった。どの計算機を買えばいいのか、彼女には選択や比較ができなかったからだ。こういう場合は友だちのアドバイスに頼るしかない。だが友だちに何かを頼むことも、バーバラにとって計算機を買うのと同じくらい難しく苦しいことだった。だから原則として人には頼らないようにした。

そのころの日記に彼女はこんなふうに記している。「誰かがアドバイスしてくれるとき、それがわたしにとって適切なアドバイスなのかどうかわからない。どうしてもわからない。だからわたしは頑《かたく》なになって、自分の決断に執着してしまう。それはわたしにとって意味のあることで、そこにたどり着くまでにずいぶん努力したのだから。その安心感は手放せない。誰かに何か頼まれると、なぜわたしに頼むのかわからなくて動揺してしまう。だいいち相手が何を頼んでいるのかわからない。こんなふうにわたしの世界は混乱している」。

おそらく自分が経験していることを客観的に観察して理解しようとしていたのだろう。ただ一つのことだけが明白だった。自分はみんなと違う。なぜ違うのか、その理由がどうしてもわからない。彼女の世界は、偶然と思えるような出来事の連なりから成り立っていた。大半は理解できず、コントロールできないことばかりだった。

いつも崖に爪を立ててなんとかへばりついているようなものだった。二つの問いが頭を離れなかった。一つは「いつ落ちるのだろう？」というもの。もう一つは「誰か受け止めてくれるだろうか？」。答えはきまっていた。「もうすぐ」と「誰も」だ。

6　勉強のしすぎで、あの娘は参っている

幸い当時の高校の試験は暗記中心だったらしく、記憶力にめぐまれたバーバラは無事に卒業証書を手にすることができた。卒業時の平均点は70点で、これは大学に進学するには充分な成績だった。

それにしても小学校から高校まで、学習困難でさんざん苦労してきた彼女が、あえて大学進学の道を選んだのは不思議な気がする。どう考えても向いていないはずだし、思

いつめて手首まで切った過去をもつ娘としては、別の進路を考えるのが穏当ではないだろうか。だが本人は最初から大学へ行こうと思っていたようだ。当人の性格によるところが大きいのだろうが、育った家庭環境も影響を与えているように思われる。

バーバラ・アロースミス・ヤングの「アロースミス」というミドル・ネームは、彼女の父方の祖母である、ルイ・メイ・アロースミスにちなんでつけられた。ルイ・メイはバーバラが生まれる七十年ほど前の１８８３年にユタ州プロボに生まれた。１８９１年、ルイ・メイが八歳のときに家族は幌馬車で新天地をめざして旅に出る。ほぼ一年かけてブリティッシュ・コロンビア州の内陸部に位置するクレストンという町にたどり着き、そこで開拓者として新しい生活をはじめる。

バーバラの半生をたどっていくと、祖母から受け継いだと思いたくなるようなフロンティア・スピリットが垣間見られる。四人の兄弟たちとともに、両親から「努力すればどんな障害も乗り越えられる」という生き方の指針を教え込まれて育ったことも、開拓者を祖先にもつ家族の雰囲気を伝えている気がする。

母親のメアリーは教師であり栄養士であり、学校理事でもあった。当時としては進歩的な考えをもち、行動的でリーダータイプの人だったようだ。両親ともにキリスト教のなかでも社会変革や性善説を唱えるユニテリアン派に所属しており、とりわけ社会的正義や他者への奉仕精神を重んじた。

とくに父親のほうは子どもたちに「今日、世界をよくするために何をした？」とたずねるような人だったらしい。「私たち一人ひとりに、この世に生を受けた理由がある」というわけだろう。根っからの発明家タイプで、ゼネラル・エレクトリック社のピーターボロー工場でエンジニアとして働いていた。バーバラにも見られる創造性や情熱は、この父から受け継いだものかもしれない。

とはいえ大学へ進んだ彼女には、あいかわらず理解すべきことが理解できないという不安が付きまとっていた。入学したのはトロントから車で一時間ほどのところにあるグエルフ大学である。当初、バーバラは母親と同じく栄養学を専攻しようと考えており、この分野ではトップクラスの大学と目されていた。

一学期の成績は60点台で、合格ラインぎりぎりといったところだった。栄養学では食物、消化、健康、病気などについて学ぶために、有機化学や物理学や生理学を受講しなければならない。理科系の科目は暗記だけで対処できないことが多いので、高校のころからバーバラが苦手とするところだった。はじめて提出した研究論文は、関連性のない記事の短い要約を幾つかまとめただけのものになった。いまならさしずめウィキペディアのカット&ペーストといったところだろうか。本来は、必要な研究結果を統合して一つの推論を裏付けることが求められていた。クラスメイトの多くは指示通りの論文を書いていたが、彼女にはそれがうまく書けなかった。

友人や級友たちとのあいだにずれや距離を感じた。世界は断片的でつながりがなく、そのなかで形成される「自己」もまた断片的だった。自分をネガティブにしか評価できず、自己肯定感はゼロに近いほど低調だった。おかげで慢性的なうつ状態に陥った。自宅のあるピーターボローからグエルフに向かうバスのなかでは、しばしばパニックに陥った。考えられる選択肢は一つだけ、すぐにバスを降りて道路脇の畑に立ち、残りの人生をそこで過ごすことだった。

ここまで来たら後戻りはできない。かといって前に進むことも難しかった。大学にもやはり居場所はなかった。また失敗したのではないかという不安に駆られた。バーバラを取り巻く霧はなお深かった。

栄養学を一年間勉強したあと、彼女は専攻を児童科に変えることにする。以前にユニテリアン教会のフェローシップで働いたことがあり、そのときの体験から「子どもにかかわる仕事に就きたいと強く思うようになった」と両親には説明した。たしかに子どもは好きだったが、専攻を変えた本当の理由は別のところにあった。児童学の授業は暗記でなんとかなりそうなものが多く、彼女にとっては栄養学よりも簡単に思えた。

この進路変更はのちに大きな意味をもつことになる。大学には就学前の子どもたちを対象とした研究施設があり、「未就学児研究室」と呼ばれていた。そこの子どもたちを注意深く見守ることが、当面のバーバラの仕事になった。たちまち彼女はこの仕事に夢中になった。マジック・ミラー越しに子どもたちの行動を観察し、結果をまとめた。

彼女が研究対象にしていたのは、非言語的問題解決や非言語的社会行動と呼ばれるものだった。子どもの行動や交流に見られる言葉以外のパターンを観察して、なぜそのような行動をとるのかを推論する。このレポートによって、バーバラははじめて先生に評価された。おそらく自身の学習困難の体験から、子どもたちの行動の意味を理解する独特の才能が身についていたのだろう。誰かに評価されることは小学校に入学して以来、彼女がずっと望んでいたことだった。そして一度も手にすることができなかったものだ。何かが花開きはじめていた。

だが険しい道はなおしばらくつづく。学習困難の子どもたちを理解できたからといって、彼女自身の困難が解消されるわけではない。むしろ彼女が抱える苦難はますます大きくなっていた。毎日の授業についていくだけで疲弊してしまい、このまま大学で勉強をつづける自信を失ったバーバラは、一年間休学し旅に出ることにした。しかしどこへ行っても、持って生まれた認知的欠陥から逃れられるわけではない。

結局、大学に復帰した彼女は児童学の学位をとり、卒業後は大学に雇われて、先の未就学児研究室で主任として働くことになる。ここは子どもたちの学び方を研究するための実験保育園みたいなところで、さしずめバーバラは保育園の園長さんといったところか。

そのころ彼女が興味を惹かれていたのは、子どもたちが何かを学んでいくプロセスだった。他の子どもが難なく学べることをうまく学べない子どもがいるのはなぜなのか。自分の体験と重ね合わせて、彼女には身近な問題と感じられたのだろう。

当時、認知発達にかんする研究はようやく端緒についたばかりで、まとまった研究といえばジャン・ピアジェ（1896年～1980年）のものが知られているくらいだった。バーバラが勤務する未就学児研究所でも、彼の著作に基づいて子どもたちの行動を解明しようとしていた。

フランスの児童心理学者であるピアジェは「発達段階論」を提唱したことで知られる。生物学、哲学、心理学などの豊富な知識を背景に、子どもたちの行動を観察することによって、彼は誕生から青年期に至る認知発達の過程を大きく四つのステージにわけた。さらに各ステージの特徴を細かく規定することで、とくに幼児期における教育環境の大切さを訴えた。それは世界中の多くの研究者や教育者に受け入れられ、幼児教育の現場に大きな影響を与えた。

なるほど。ピアジェの業績は立派なものだ。だがバーバラとしては物足りなかった。自分みたいに生まれながらに学習困難や障害を抱えている子どもはどうすればいいのか？　政府も教育機関も子どもたちの支援は考えていた。それは彼らに特別な「補償」を提供するというものだった。

小学一年か二年生のころ、「はじめ君」という不思議なクラスメイトがいた。はじめ君はときどきぼくたちのクラスにやって来た。主に運動会や遠足のときだったような気がする。給食の時間にも来ていたかもしれない。それ以外の時間、はじめ君はどこで何をしていたのだろう？　当時はそんな言葉は知らなかったけれど、おそらく「特殊学級」で勉強していたのだろう。いまは「特別支援学級」というのかもしれない。

子どもたちのあいだで「精薄児」という言葉は聞かれなかったけれど、小学校の校長先生をしていたぼくの祖父などは普通に「精薄児」や「精神薄弱教育」と言っていた。その精神薄弱教育をはじめ君は受けていたわけだ。具体的にどんなことをやっていたのか知らない。ただ、おおよその見当はつく。

もう十年くらい、ぼくは近くの大学で文芸創作の授業を受け持っている。クラスには毎年何人か「配慮等を要する学生」が入ってくる。彼ら（彼女たち）には、注意欠如・多動性障害や自閉症スペクトラムといった難しい診断名がついている。併せて黒板などをカメラで撮影することを認めていただきたいとか、試験においては時間の延長をお願いすることがあるとか、耳から入る情報を頭で留めておくことが苦手なので、重要な情報は板書やプリントなどでの提示をお願いしたい、といった教務課からの要望が添付してある。

小学校のクラスメイトだったはじめ君が受けた支援授業も、これに近いものだったのではないだろうか。学習する項目を小さく分けるとか、卒業に必要な科目数を減らすとか、物に名前のシールを貼るとか、授業ノートの写しを渡すとか、読書するための静かな場所を設けるとか、先生が言ったことをこまめに要約させるとか。それは小学生のころからバーバラが母親とともに編み出してきた方法とよく似ている。彼女もフラッシュ・カードを使ったり、教科書やノートを何度も読み返したり、集中できる静かな場所を見つけたりすることで、なんとか学校の勉強についていこうとした。

両方に共通しているのは、自分の弱点を別のかたちに置き換えてカバーするという「戦略（ストラテジー）」だ。バーバラの弱点は考えることや理解することだった。これを彼女は暗記するという方法に置き換えた。このように問題回避のための「戦略」を提供する場が特殊学級だったのだろう。

中学校にもやはり特殊学級はあった。はじめ君がそこにいたのかどうかおぼえていない。中学校では特殊学級の生徒たちのやっていることが、ぼくらのやっていることとまったく違うので、「特殊性」はより目立った。たとえば彼ら彼女たちは数学や英語を習うかわりに、畑で花や野菜を育てたり、ミシンで服を縫ったり編み物をしたり、木工作業をしたりしていた。一種の職業訓練である。将来、独立した生活が送れるように、各自の能力に応じて手に職を付けるという「支援」がなされていたわけだ。

　認知機能や知能発達の分野では第一人者とみなされていたピアジェだが、彼の研究には「脳」という視点がなかった。観察された行動が脳といかに結び付いているのかについての研究は、まだほとんどなされていなかった。したがって学習困難の原因が脳にあったとしても、その解明や改善といったアプローチへは向かわなかった。そのころ「支援」として行われていたことは、表面にあらわれる弱点を回避し、欠陥を首尾よく隠蔽する方法を学ばせるといった類《たぐい》のものだった。

　このやり方は遅かれ早かれ限界に突き当たる。だから中学校ではあえて難しい科目を学ばせるかわりに、園芸や裁縫や木工など職業訓練的なトレーニングに多く時間をかけたのだろう。子どもたちの将来を思いやってのこととはいえ、どう考えても未来性や発展性がない。年齢が上がるにつれて子どもたちへの「支援」の中身は限られたものになり、障害をもつ大人にたいしては現状の生活維持という以外にほとんどやることがなくなる。

　１９７６年、子どもたちの学習プロセスについてさらに知りたいと思ったバーバラは、大学院への進学を決意する。ここでもあえて茨の道を選んだわけだが、すでにバーバラのなかでは自分の研究が彼女自身の学習困難とつながりはじめていた。進学先はトロント大学のオンタリオ州教育研究所（ＯＩＳＥ）というところだった。ここで彼女は学校心理学（school psychology）なるものを専攻する。行動障害や学習困難の診断や治療に、臨床心理学や教育心理学の原理を応用するというものだ。

その一方で、苦労して勉学をつづけることへの不安や疑念が消えることはなかった。こんなことをやって何になるのだろう？　本当に自分のためになっているのだろうか。なっているとすれば、何が役に立ち、何が役に立っていないのか。学習困難を抱える子どもたちの研究をしているのに、なぜ本人の困難や苦難は少しも改善されないのか。葛藤はつづき、苦しみから逃れようとして無理が重なった。

ヤング家恒例のクリスマス・ニュースレター、１９７６年のものにはこう記されている。「バーバラは四人の友だちと一緒にトロントに住みながら、大学院で応用心理学を勉強している。この一ヵ月は健康を損ない、勉強量の多さに参っている」。小学校のころも勉強中毒で溺れかけたバーバラだが、実際に病気になったわけではなかった。大学院では授業についていくために長時間の勉強が必要だった。極度の無理とストレスが累積して彼女の健康に実害を及ぼしはじめていた。

教授たちにしてみれば、バーバラのように才能のある学生が脳神経的な障害を抱えているなどとは思ってもみなかっただろう。オールAをとるほど優秀な生徒が、自らの学習困難を克服するために毎夜大学の図書館で徹夜しているなんて。そのころの彼女の平均睡眠時間は四時間だった。閉館前に警備員が巡回してくるときには机の陰などに隠れてやり過ごした。そうすれば翌朝までの八時間、図書館で一人きりで過ごし、完全な静けさのなか、誰にも邪魔されずに勉強することができた。これがオールAの背後にある彼女の毎日だった。

ストレスが免疫系にダメージを与えることはよく知られている。当時のバーバラの免疫系は、さながらストレスという敵に包囲攻撃されているようなものだった。しばしば肺炎にかかり、のちには免疫不全が要因とされる子宮内膜症と診断されている。学習困難の弊害は勉学の面にとどまらず、病気として身体中にあらわれはじめていた。彼女は文字通り、自分が燃え尽きようとしているのを感じた。

7　この本のなかにわたしがいる

1977年8月、バーバラはある本のなかで一人の男と出会う。彼は旧ソ連軍の兵士で、第二次世界大戦中に銃撃されて脳に外傷性の障害を負った。幸い一命はとりとめたものの、それまで簡単だったことが突然できなくなってしまう。時計を読んで時刻を知ること、分数の意味がわかること、文章や会話の内容を理解すること。本のタイトルは『失われた世界－脳損傷者の手記』で、著者はアレクサンダー・ルリア（1902〜1977）というロシアの神経心理学者だった。

一読してバーバラは、「ここにわたしがいる」と思った。兵士の身に起こったことは、幼いころから彼女が体験してきたことばかりだった。時計の文字盤が読めないことも、人が話している内容を理解できないことも。本のなかで兵士は「いつも霧のなかに住んでいるようだった」と述べている。彼は自分の体験をバーバラとまったく同じ言葉で説明していた。霧。それはまさに彼女の世界を覆っているものだった。

ただ一つだけ大きな違いがあった。言うまでもなく、彼女の脳に弾丸は撃ち込まれていない。では、なぜ兵士と同じ問題を抱えているのだろう？　自分の脳も銃撃によって損傷した兵士の脳と同じ状態にあり、そのために他人の脳とは違う働きをしているのかもしれない。いろいろなことが理解できないのも、ちょっとしたことでまごついたり、混乱したり不安になったりするのも、脳に原因があるからではないだろうか。

もともとアレクサンダー・ルリアは失語症や共感覚（文字に色を感じたり、音に色を感じたり、味や匂いに色や形を感じたりする）の臨床医学的な研究者だった。またソ連におけるリハビリテーションの第一人者でもあり、このあたりもバーバラが志向するものに近かったと言える。とりわけ彼は脳の構造と症候の因果関係の解明に興味をもっていた。脳の仕組みや部位が、人の行動とどのように結び付いているのか。たとえば言葉を理解したり音声をつくり出したりするのは、ウェルニッケ野とブローカ野と呼ばれる領域である。また「前頭前野」と呼ばれる脳の前部は、考えたり記憶したり注意を払ったり計画を立てたりといった人間にとって重要な働きを担っている。

ルリア博士によると、銃弾は兵士の脳の左半球に撃ち込まれていた。それによって損傷を受けたのは、「頭頂・側頭・後頭（ＰＴＯ）連合野」と呼ばれる脳の三つの部分が互いにつながっている部分だった。頭頂部は触覚に関係している。側頭部は音や話し言葉を担当している。後頭部は視覚に関係している。これら三つの部分がつながることで、見たり、聞いたり、触れたりしたことを理解できる。脳のこの場所がうまく働いていないと、情報を理解してつながりを見つけることができない。その結果、たとえば時計の文字盤が読めなくなる。

兵士は弾丸による損傷が原因で、脳の正常な機能が損なわれてしまったのだ。バーバラの場合もなんらかの原因によって、脳の同じ場所がうまく機能していないと考えられた。ルリア博士の本との出会いは、彼女が自身の学習困難にたいする解決策を見つけるための第一歩だった。博士の研究のおかげで、脳のある部分が正常に働いていないために自分が苦労していることがわかった。その部位もおおよそ特定できた。

ついに彼女は問題を根本的に乗り越えるための手がかりを得た。それは卒業に必要な科目数を減らすとか、先生が生徒に授業ノートの写しを渡すといった「補償」でも、当面の問題を回避するために理解すべきことを暗記に置き換えるといった「戦略」でもない。学習困難の原因そのものにアプローチするための手がかりだった。

とはいえ簡単なことではない。なにしろ彼女の脳は銃撃によって損傷した兵士の脳と同じ状態にあるらしいのだ。いったいどうやって損傷した脳を修復すればいいのだろう？　わかっているのは、脳のこの領域を改善する方法を見つけなければ、この先も自分はずっと苦労しつづけるだろうということだった。

同じ年の10月、バーバラはマーク・ローゼンツヴァイク博士（1922〜2009）の研究に出合う。カリフォルニア大学でラットの脳を研究していたローゼンツヴァイクたちは、ラットたちのために二つのケージを用意した。一つはたくさんのおもちゃ、はしご、トンネル、回し車などを装備したケージ（これを「豊かな環境」と呼ぼう）で、もう一つは何もないケージ（こちらは「貧しい環境」）である。そして二つのケージに入れたラットたちを比較観察した。

時が経つにつれて、両者のあいだには明らかな違いが見られるようになった。まず豊かな環境で生活しているラットは、迷路テストなどで高いパフォーマンスを示した。どうやら彼らはおもちゃやはしごで遊ぶことを通して賢くなっているらしい。さらに学習が進んだラットの脳を調べてみると、厚さと重さの増加が認められた。とくに神経細胞の樹状突起（信号を受信する神経細胞の枝部分）の分岐やトゲの増大が顕著に見られた。豊富な刺激を与えつづけられたラットの脳は、樹木が地中で根を張るように成長していくのだ。

現在では「神経可塑性」として広く知られていることだが、バーバラが研究をはじめた1977年ごろには、なお脳の構造は不変であると考えられていた。ローゼンツヴァイクたちは、何世紀もつづいた定説を覆したのである。脳は変化していく。刺激に応じて生理的にも機能的にも変化する。神経細胞間のつながりは強化され、長期記憶が形成される。学習能力や問題解決能力や順応性が高まる。つまり「優れた脳」へと進化していくのである。

ラットの脳が変わるなら、人間の脳も変わるはずだ。変わらないはずがない。脳には可塑性や順応性がある。それはローゼンツヴァイクたちの研究から明らかだった。脳は鋼鉄の塊のようなものではなく、植物や木の根のように育っていく。豊かな環境と刺激を与えられれば、脳は成長する。適切なトレーニングを積み重ねれば、人間でもラットと同じように脳を変化させることができるはずだ。

バーバラには自分のやるべきことがわかった。脳を働かせ、脳を鍛えて、弱い部分を強化する方法を見つければいいのだ。こうして彼女の新たな挑戦がはじまった。ただしラットを使ってやったことを、そのまま人間に適用するわけにはいかない。脳の研究が進まない原因の一つは、脳を実験対象にするのが難しいからだ。それ以外の部分ならさまざまな仕方で介入できる。だが脳は特別である。無暗《むやみ》に立ち入ってはならない聖域なのだ。

この点で、バーバラには大きなアドバンテージがあった。自分を実験対象にすればいい。他人を研究動物のように扱うことには問題があるが、本人がなるのは勝手だ。彼女は自分をラットの立場に置いてみることにした。そして起こってくる変化を観察することにした。

果たして自分で自分の脳を変えることはできるのだろうか？　学習困難を克服する手段を見つけられるだろうか？　たしかに脳を変えることはできる。ラットの実験からもそれは明らかだ。脳には柔軟な可変性があり、豊富な刺激によって脳は改善され、強化される。

だが、ただやみくもに脳の厚さや重さを増大させればいいというものではない。目標ははっきりしている。学習困難の克服だ。ラットの場合ははしごや回し車でうまくいった。しかし人間の場合はどうすればいいのか？　はしごを上り下りしたり、回し車で遊んだりしていれば、読んだり聞いたりしたことを理解できるようになるというものではないだろう。

時計が突破口だった。時計だって？　時計がそんなに重要なのか。重要らしい。いや、間違いなく重要である。アナログの時計くらい読めなくても日常生活にたいした支障はきたさない。いまならデジタル表示の時計を身近に置けばいい。ところが時計が読めないことは、生きることのすべてに関係してくる。少なくともバーバラはそう確信していた。ときには生死を分けることさえあると。

いま目の前にいる犬が歯を剥《む》いてうなっている。耳と尻尾をぴんと立て、どうやら身体中の毛も逆立っているようだ。これら視覚および聴覚の情報から、犬が怒っているとか、怖がっているとか、怯えているとかいった状況判断ができなければ、目の前で起こっていることに当惑するばかりだろう。時計が読めないということは、文字盤と針という視覚情報を理解してつながりを見つけることができないということだ。それは犬の様子から一つの意味を引き出すことができず、下手をすると噛みつかれる危険性があるということだ。

子どものころからバーバラは、人が楽しそうにしていてもなぜ楽しいのかわからず、他の人が笑っているときはみんなに合わせて自分も笑うしかなかった。読んだり聞いたりしたことの意味がわからず、確かな理解に至ることが難しかった。どれも時計が関係しているのではないか？　現にバーバラは時計（針のあるアナログ時計）で時刻を知るのに時間がかかり、かなり努力しなければならなかった。ルリア博士の本にも、銃撃されて脳に損傷を負った兵士が、時計を読んで時刻を知ることができなくなったことが記されている。

二人とも知能そのものは正常だった。バーバラなどは驚くべき記憶力さえもっていた。分数の意味がわかるとか、本や会話の内容を理解するといった特定のことだけが困難だった。それは「関係」ということがうまく理解できないせいらしい。ではどうやって脳に「関係」を理解させるか？　このときバーバラのなかに、時計の文字盤を使うというアイデアが浮かんだ。それはまさに数字と針という「関係」によって時間を示す機器に他ならない。

学習困難の原因は、頭頂・側頭・後頭連合野と呼ばれる脳の部位にあるらしい。その一つの現れが時計だった。脳のある部分がうまく働いていないために時計が読めないのだとしたら、逆に時計を読む訓練を繰り返すことで、この部分に刺激を与え、働かせ、鍛え、強化することができるのではないだろうか。乱暴といえば乱暴な推論だが、バーバラとしては必死だった。なにしろこれから先の自分の人生のすべてがかかっているのだ。

このあたりの彼女の取り組み方は研究者のものではない。当事者のそれである。本人が長く苦しい困難を抱え、生きづらい状況を克服しようとあがきつづけてきたことが、向こう見ずなひたむきさとなってバーバラを後押しした。また当事者だけがもちうるひらめきや直観も働いたように見える。

8　霧を抜けて

最初にやったことは、デジタル時計とアナログ時計を幾つも買い集めることだった。それを両手にはめて時計を読む練習をはじめた。まずアナログ時計が示す時間を読み、つぎにデジタル時計を見て正しいかどうかを確かめる。さらにフラッシュ・カードに時計の文字盤を描いたものでも練習した。かつて母親が算数の練習でやったように、時計の文字盤を何百枚ものカードに書いて、裏に時刻を書いた。カードなら文字盤の針の数を増やすことができる。彼女は針の数を三本、四本と増やすことで難度を上げていった。

冷静に考えて、勝算はそれほど高くなかったのではないか。まともな研究者なら最初から問題にしなかったかもしれない。時計の文字盤を読むくらいで脳が変化するなら世話はないというわけだ。しかしバーバラは真剣だった。とりあえず他に思いつくやり方もなかった。つづけて何時間も練習し、長いときは十二時間にも及んだ。それを何日も繰り返した。二十六歳の娘が、である。彼女はまさに自分をラットの状態に置いたのだ。時計の文字盤を正しく読めるようになりたいという一心で。ただ正確に読めるだけでなく、できるだけ速く読む。速さと正確さ、二つが大切だった。このあたりにも当事者としての直観が働いていたように思う。

日を置かずして成果があらわれはじめた。あるとき彼女はテレビの時事番組を観ていた。突然、解説者の言っていることがわかることに気づいた。これまでのように言葉を丸暗記し、あとで「再生」してみる必要はなかった。その場で会話が理解でき、話の展開にもついていけた。生まれてはじめてのことだった。視覚障害者が光を手に入れたようなものだ。ついに目が見えるようになったのだ。

何週間か経つうちに、彼女の脳はゆっくりと変わりはじめた。誰よりも本人がそのことを実感していた。これまでとは明らかに感じが違う。読み返さなくても、一度で内容を理解できた。数学の概念も少しずつ分かるようになってきた。他人と話しているときも、会話についていくことができる。友だちや同僚が話しているのを聞きながら、その場で何の話なのかわかった。わかっていると確信できた。彼女ははじめて、現実を生きていると感じた。

この実感は貴重なものだ。「現実」を生きるとはどういうことなのか。普通、ぼくたちは考えてみようとはしない。あまりにも当たり前すぎるからだ。当たり前のことが、彼女には当たり前でなかった。まわりの人間が難なくやっていること、一つひとつに大きな努力を強いられた。学習困難とはそういうことだ。たんに読み書きができないとか、算数の問題を解けないということではない。それは「遅れている」ということなのだ。誰かが何かを話している、目の前で犬が毛を逆立ててうなり声を上げている。その場で起こっていることに、自分がいつも遅れて到着するということだ。

現にバーバラがそうだった。とりあえずなんでもかんでも覚えておいて（彼女には写真のように正確な記憶力があった）、理解できるまで何度もその情報を取り出して再生してみる必要があった。こうして彼女は現実に遅れつづけた。その場にたどり着いたときにはいつも遅すぎた。学習困難とは「遅延」のことでもある。遅延によって「いま」と「ここ」を奪われていることだ。

この遅延が取り除かれた。起こっていることを同時進行で理解できた。現実を生きるとはどういうことなのか。バーバラはあらためて、その意味をぼくたちに教えてくれる。現実を生きるとは、起こっていることと理解とが同時に進行することであり、見聞きした情報のつながりや関係をその場で理解できることであり、「いま」と「ここ」が連続的に生起することだ。それが「現実を生きている」ということなのだ。

時計の訓練をつづけていくうちに、物心ついたときからずっとかかっていた霧が、日ごとに、月ごとに薄らいでいった。彼女は自分が厚く深い霧を抜けようとしているのを感じた。時計の長針と短針を容易に関係づけられるようになり、その意味するところがわかりはじめたとき、決定的な瞬間が訪れた。彼女が哲学科の図書館を利用しているときだった。

それまでもバーバラはずっと哲学書を読んでみたかったが、読んだところで理解はできなかった。いまならどうだろう？　ためしに本棚から一冊を取り出し、適当にページを開いてみた。読んでみると書いてあることが理解できた。まぐれかもしれない。たまたま簡単な本だったのではないか。なにしろ三十年近い人生で一度もなかったことだ。別の本を棚から取った。開いて読むと、やはり理解できた。新しい本を取り出し、読んで、またつぎの本を取り出す。どの本の、どのページを読んでも理解できた。いつのまにか彼女のまわりにはうず高い本の山ができていた。

数学は彼女に恐怖に近い思いを抱かせつづけた。ゼウスの求愛を逃れつづけたギリシア神話の女神ネメシスのように、数学という学問は彼女の求愛を退けつづけた。驚異的な記憶力をもってしても勝ち目のない敵であり、近づこうとするたびに手痛い仕打ちを受けた。その数学が、いまや音楽や絵画のように楽しめるものになっていた。数学を構成している論理の独特の美しさがわかるようになっていた。あたかも性悪な女神に意趣返しをするように、彼女は小学校から高校までのあいだに教わる算数・数学を順々に独学し、その過程の一部始終を楽しみながら理解していった。

何か重大な変化が起こっていることは、もはや疑いようがなかった。ローゼンツヴァイクたちがラットで示したように、彼女の脳内にも新しい神経経路が形成されているに違いない。無数の細胞体から樹状突起や軸索が植物の根のように伸びて、電気的なメッセージを運ぶためのネットワークが形成されていく。その様子が目に見えるようだった。実際、見えていたのかもしれない。

彼女は自分の身に（脳に）起こっている変化を客観的に証明したかった。脳機能の向上を評価する基準が必要だった。大学院での経験から、バーバラは広範囲にわたる心理や教育の標準テストに精通していた。そのなかから言語推理力を測定するミラー・アナロジー・テスト（例えば「娘にとっての母親は○○にとっての父親と同じようなものである」というふうに答える）を選んだ。

このテストは大学院入試のときにも受けている。そのときの成績は散々なものだったが、手堅い推薦状と未就学児研究室での経験からなんとか入学できた。今回はそのリベンジという気持ちもあった。再挑戦は成功だった。テストの成績は大幅にアップしていた。

時計の文字盤を使った訓練をはじめて数ヵ月しか経っていないにもかかわらず、彼女のなかで文章の読解力が向上し、数学的概念や原因と結果の関係性なども理解できるようになっていた。テレビの時事番組や会話のように、これまで時間をかけてなんとか理解していたことを、リアルタイムで理解できるようになっていた。現実とのあいだに遅延は起こらず、現実はその場で現実だった。足元の地面はもう揺れなくなっていた。

訓練をはじめて四ヵ月ほど経った時点で、彼女は広範囲学力テスト（Wide Range Achievement Test）の算術部門にも再挑戦してみることにした。こちらもレベルが三学年上がっていた。この間、数学の勉強はまったくしていなかった。すると変わったのは、もっと基本的な理解力としか考えられない。それに伴って、数学も理解できるようになっていたのだ。

これはバーバラが考案した訓練法が、知的機能の根本的な改善に有効であることを証明していた。個々の病気にたいして治療法を考えるのではなく、病気全般にたいする身体の抵抗力を培っていく。それを彼女は自分の脳でおこなった。いったい何が変わったのか？　体質が変わったのだ。あたかも虚弱体質が強健な体質に変わるように、彼女の脳は変わった。そうとしか考えられない。なぜなら彼女がやったことは、ただひたすら時計の文字盤を読むという、毎日ジョギングをするとかプールに行って泳ぐとかいった類のことだったからだ。

バーバラが自分にたいして行った知能訓練は、数学的概念や演算といったコンテンツとスキルを教えるものではない。一にも二にも新しい神経経路を形成することを目的としている。それによって結果的に、たとえば数学的概念の意味が理解できるようになる。彼女のアプローチは、目の前に立ち現れる一つひとつの問題にたいして、その都度必要なアプリをダウンロードして操作法を教えるというものではなく、どちらかというとOSそのものの不具合を改善するとか、バージョンアップするといった類のものだ。

人間にはラットと同じように、あるいはそれ以上に神経の可塑性がある。バーバラは自らそのことを証明した。このノウハウを自分と同じように学習困難で苦しんでいる人たちのために役立てることはできないだろうか。三十年近くかかって手に入れたものを、彼女は多くの人と分ち合いたいと思った。遠回りをせずに、自分と同じ喜びを味わってほしい。そして一日でも早く霧から抜け出してほしいと願った。

第2章 ブレイン・ワーク

～脳は未開の大地

1　人工知能の研究者たちは

人工知能（Artificial Intelligence）という言葉がはじめて登場したのは、１９５６年夏にダートマスで開かれたワークショップとされている。この会議には、「ＡＩ」という言葉の生みの親であるコンピュータ科学者ジョン・マッカーシーほか、マービン・ミンスキー、アレン・ニューウェル、ハーバート・サイモンといった著名な学者たちも参加した。

ＡＩの研究開発は、すでに１９４０年代からはじまっている。その発想はいくらか無邪気なものだった。人間の思考と同じものを機械でつくることができるのではないか。人間の知能はコンピュータで実現できるのではないか。試行錯誤や紆余曲折はあったものの、おおまかな道筋としては、こうした方向で研究開発は進められてきた。

人工知能とは何か？　人工的につくられた人間のような知能である。人間の頭脳活動を極限までシミュレートするシステムである。究極には人間と区別がつかない人間的な知能である。このあたりが専門家による人工知能の定義になっているようだ。人間の脳は特別なものではなく、人間の知能と同じものはコンピュータによってつくることができる。さらにＡＩによって実現される人間の知能は、オリジナルの人間よりもはるかに効率的なので、いずれオリジナルを超えていく。

脳はコンピュータであり、まずおそらくは万能チューリング・マシンである。プログラムを走らせることでアルゴリズムを実行するように、私たちが心と呼んでいるものは、一つのプログラムもしくは複数のプログラムの組み合わせなのである。

（ジョン・サール『心の哲学』山本貴光・吉川浩満訳　朝日出版社）

ジョン・サールは「強いＡＩ」という言葉を発案した哲学者である。脳で実行されているプログラムを発見することによって、人間の心に相当するものを作ることができる。正しいプログラムを実行させれば、人間が心をもつのとまったく同じ意味で、コンピュータは心をもつ。これが「強いＡＩ」の考え方だ。

引用文のなかに出てくるチューリング・マシンとは、二種類の記号（0と1）を使って計算を行う装置のことで、アラン・チューリング（1912～1954）が考案した。このチューリング・マシンをめぐっては、のちにアロンゾ・チャーチ（１９０３〜１９９５）が、アルゴリズムで解決されるものなら、どんな問題でもチューリング・マシンで解けるという「チャーチのテーゼ」を提唱した。

ここから当然、つぎのような考え方が生まれてくる。もし人間の思考を計算可能なアルゴリズムで表現できるなら、コンピュータはそれを再現できるはずだ。なぜなら計算可能な関数はすべてチューリング・マシンで計算可能だから。さらに人間の思考が何らかの「計算」であるなら、同じことをコンピュータはより短時間でやってしまうだろう。このプロセスを超高速で無限に繰り返すと、やがて「意識」と呼んでもいいような状態が出現するのではないか。

このあたりになると、議論の行方はにわかにあやしくなってくる。だいいち「意識」なるものを、まだ誰もうまく定義できていないからだ。意識をめぐっては数多くの本が書かれているけれど、これまで目を通したかぎりでは、いずれも決定的なものではない。誰のどの本も仮定や憶測の範囲を出ていない。「意識」が何かわからないのに、それをコンピュータで実装できるかどうかを議論してもしょうがないだろう。だから「意識」や「心」のことは、ひとまず脇へ置こう。その上で、人間の脳の活動の一部をコンピュータで実現できることは確かだし、与えられた個々のタスクにかんしていえば、コンピュータのほうが人間よりもはるかに効率的にやってしまう。

だからどうした？　そんなことは人が生きることとは全然関係がない、とぼくなどは思ってしまう。与えられたタスクをいかに効率よくこなすかということと、一人ひとりの人間の生とはまったく別のものだ。いくらＡＩが賢くなって、いろんな場面で人間を凌駕《りょうが》する（ディープ・ブルーがチェスの世界チャンピオンを打ち負かすとか、アルファ碁が数々の囲碁の名人に勝利を収めるとか）ようになっても、そのことは人が人たる所以を１ミリたりとも侵害するものではない。それについては追って論じていくことにして、いまは人工知能の研究者たちの言い分に耳を傾けることにしよう。

まず人間の脳は電気回路と同じだという前提がある。脳といえども神経細胞のあいだを電気信号が行き来している複雑な電気回路に過ぎない。この電気回路はコンピュータのＣＰＵ（中央演算処理装置）と同じように計算を行っている。つまり脳は電気回路を流れる信号によって計算を行うコンピュータとみなしうる。よって人間の脳の活動（思考、認識、記憶、感情など）はコンピュータで実現できる。

以上をまとめると、つぎのようになる。

①人間の脳は電気回路である。
②人間の脳はコンピュータのCPUと同じように計算を行う。
③人間の脳の活動はコンピュータで実現できる。

人間の脳→電気回路→計算可能→コンピュータで実現可能。かなり粗雑な単純化を経由することで、最終的に脳の活動は0と1、イエスかノーかによって再現可能になる。その結果、人間の脳と同じものをコンピュータでつくることができれば、知能を機械が実現したと考えてもいいだろう、というのが人工知能の研究者たちの大筋の考え方である。

では人間の脳は実際のところどうなっているのだろう。それは本当に「電気回路」なのだろうか？　だとしたら、いったいどの程度まで？

2　人間の脳のおおまかな見取り図

脳の神経細胞はニューロン（neuron）と呼ばれる。そして人間の脳には８６０億個（実際は研究者によって１００億から１０００億までかなり幅広く見積もられている）のニューロンがあると推定されている。ニューロンは大きく三つの部分から成っている。送路にあたる軸索（axon）と、入力を担当する樹状突起（dendrites）、さらに核が存在する細胞体（cell body）である。

軸索は細胞体からの信号を他のニューロンに伝えるためのもので、いわばニューロンの出力部分にあたる。一方の樹状突起は、他のニューロンからの信号を受け取る入力部分であり、ニューロンの軸索の末端と結合する。この結合部分がシナプス（synapse）と呼ばれる。シナプスとは神経情報を出力する側と入力する側のあいだに発達した情報伝達のための接触構造である。

面白いのは、シナプスにおいて軸索と樹状突起が直接結合していないことである。軸索（シナプス前部）と樹状突起（シナプス後部）のあいだには20ナノメートル（じつに

1ミリメートルの5万分の1ほど）の隙間があり、そこで神経伝達物質の受け渡しがなされている。一つのニューロンで数千本から数万本の軸索から信号を受け取ると考えられている。したがって多数の軸索と結合するには、樹状突起と呼ばれる枝を増やして軸索との結合箇所を広げる必要がある。

細胞体では神経細胞を維持するのに必要なたんぱく質が作られるほか、入力信号をもとになんらかの計算が行われていると考えられている。計算結果は軸索を通って他のニューロンへ伝えられる。以上が神経細胞（ニューロン）のおおまかな仕組みである。

神経細胞以外の神経系の細胞はグリア細胞（glial cell）と呼ばれる。これは神経細胞と血管のあいだにあって、神経細胞に栄養を供給している。ヒトの脳では神経細胞の50倍ほどのグリア細胞が存在すると見積もられているが、その働きについてはなお不明な点も多い。

バーバラが注目した「シナプス可塑性（神経可塑性）」とは、脳が外部の刺激に応じて変化していくことである。ぼくたちが英語の単語をおぼえたり、ピアノやギターが弾けるようになったり、自転車に乗れるようになったりするのは、こうした脳の性質のおかげである。脳が可塑性をもっているから、学習や練習を重ねることによって、脳は少しずつ英会話用、楽器演奏用、自転車操縦用などに変化していってくれるのである。

どうしてそういうことが起こるのだろう？　これにはシナプスの独特の接触構造がかかわっていると考えられる。先にも述べたように、神経細胞は軸索と樹状突起という二種類の突起をもっていて、そのあいだにわずかな隙間がある。軸索を伝わった電気信号が末端に達すると、シナプス小胞に含まれる神経伝達物質の放出を促す。放出された伝達物質はシナプスの間隙を拡散して、樹状突起や棘《きょく》突起（スパイン）に存在する受容体に結合し、そこで化学物質による信号が再び電気信号へと変換される。

情報伝達を促すのは主に外部からの刺激であり、ぼくたちが「学習」や「練習」と呼んでいるものはその一種と考えられる。脳の神経細胞に何らかの刺激が加わると、シナプスのあいだで神経伝達物質の受け渡しが起こる。これが長期にわたって繰り返されることで、シナプスの数や形態に構造的な変化が起こる。

バーバラが感銘を受けたマーク・ローゼンツヴァイクのラットの実験でも、そのことは証明されていた。「豊かな環境」のケージに入れられたラットは「貧しい環境」のラットよりも脳の重量が増していた。さらに詳細に調べてみると、灰白質（神経細胞の細胞体が集まる領域）の増大や、樹状突起の分岐やトゲの増大に伴うシナプス結合密度の増加などが見られた。同じことが、ヒトの脳でも起こると考えられる。その結果、ぼくたちは英語が話せるようになったり、楽器が弾けるようになったり、自転車に乗れるようになったりするのである。

これを見るかぎり、脳は人工知能の研究者たちが考えるように電気回路としてモデル化できそうだ。シナプスの構造などは、あたかも初期のコンピュータで使われていた真空管のフィラメント（陰極）とプレート（陽極）を想わせる。

コンピュータというのは、要するに0と1による二進法の演算をスイッチのオンとオフに置き換えたものである。回路にかかる電圧が一定の閾値《いきち》を超えると電流が流れ、そうでなければスイッチはオフのままになる。現在のコンピュータには数十億のトランジスタを組み込んだマイクロ・プロセッサが使われ、毎秒何兆もの計算を行うが、それを支えているのは数億分の1秒単位で繰り返されているスイッチのオン・オフという単純な作業である。

脳の場合は、シナプスのわずかな隙間がスイッチになっている。そのあいだで神経伝達物質の受け渡しが行われる。このとき伝えられる信号は抑制性（−）か興奮性（＋）のいずれかである。その総和がゼロを上回るか否かによってオンとオフがコントロールされる。脳の仕組みと働きがコンピュータと同じなら、人間の脳の活動（思考、認識、記憶、感情など）もコンピュータで実現できるかもしれない。

一方で、脳と電気回路には大きな違いがある。一度構築された電気回路は変わらないが、ヒトの脳は変化していく。コンピュータの性能をよくするためには、搭載されているCPUを集積率のいいものと入れ替えてやらなければならない。または機械そのものを買い替えなくてはならない。

人間の場合、コンピュータのように簡単に新しい脳を調達するわけにはいかない。性能の悪い脳を、集積率のいい脳に入れ替えるといったことは、少なくともいまのところは起こっていない。でも将来はわからない。ゲノム編集によってヒトの脳のCPU性能を向上させることが可能になるかもしれないし、その前に「シナプス可塑性」を活性化させる薬剤の開発などは誰かがはじめそうな気がする。神経伝達物質の放出を促す薬を飲むことで、勉強しなくても頭が良くなるとか？

こういう話が現実味をもつのも、脳が変化可能な性質をもっているからである。脳は外部からの刺激によって、それ自体が変化していく。グリア細胞や樹状突起が増加することで立体的にも拡大していく。ラットの場合は「豊かな環境」のケージによって、人間の場合は学習や練習によって、穏当かつ健全なやり方で脳を変えることができる。だからＣＰＵを入れ替えなくても、怪しげな薬を飲まなくても大丈夫だ。

3　現在と未来

脳は刺激によって変化していく。それは成長し、進歩し、発達していく。このことは脳に時間軸を導入することを意味している。ぼくたちの脳には現在と未来があるのだ。たとえば毎日三十分ずつ英会話の勉強をする。一年後には英語で自在に会話できるようになっている（かもしれない）。毎日一時間ずつピアノの練習をする。一年後にはショパンのワルツを弾けるようになっている（かもしれない）。脳に未来があるからこそ、ぼくたちは意欲的に勉強し、「なかなか上達しないなあ」などと言いながらも繰り返し練習するのである。もし脳が現在に固定されているとしたら、テレビを観ながら番茶でもすすっているしかない。

とはいえ明るいばかりの未来ではない。脳は成長し、進歩し、発達するだけでなく、劣化し、退化し、縮小していくものでもあるからだ。「ほら、あの映画に出ていた女優、なんだっけ？」と言って呻吟《しんぎん》する未来。久しぶりに訪ねてきた兄弟姉妹の顔を見て「どなたでしたでしょうか？」と言って相手を凍りつかせる未来。さっきしたばかりの話を一分後に再び繰り返すようになる未来。買ったことを忘れて同じものを何度も買ってしまう未来。財布を忘れて「盗まれた」と他人にたいして疑心暗鬼になる未来。家を出たきり帰り道がわからなくなって警察に保護される未来……すなわち「認知症」と呼ばれている未来が。

バーバラにも現在と未来があった。学習困難な現在と、それを克服した未来。本を読んでも書いてあることが理解できない現在と、哲学書が読めるようになる未来。友だちの話についていけない現在と、一緒に会話を楽しむことのできる未来。厚い霧に閉ざされた現在と、その霧が晴れた未来、というように現在と未来があった。

これらの現在と未来は、彼女のなかでは可視化されて目に見えるものだった。目に見える現在は、アレクサンダー・ルリアの本によってもたらされた。そこでは頭部に撃ち込まれた銃弾によって脳の一部分が無残に傷ついている。一方、可視化された未来のほうは、マーク・ローゼンツヴァイクたちの研究がヒントになっている。かつて損傷を受けた部分では、シナプス端末から細い植物の根のようなものが無数に伸びて、豊かな地下茎のネットワークが形成されている。

驚くべきは、このように思い描かれた現在から未来へ、実際にバーバラがほとんど独力でたどり着いたことだ。彼女の自伝を読んでいると、ぼくは電磁誘導の法則で有名なイギリスの物理学者、マイケル・ファラデーを思い浮かべる。18世紀末にロンドンで生まれたファラデーの家は貧しかった。そのため正式な教育を受ける機会に恵まれず、十四歳のときから製本業者のところで年季奉公をしなければならなかった。彼は仕事の合間にたくさんの本を読み、独学で化学や物理学を学んだ。

バーバラがファラデーと似ているのは、二人とも類まれな洞察力と直観力を備えていた点である。ほとんど数学の知識をもたなかったと言われるファラデーは、コイルや磁石といった原始的な実験道具を使って、電気を帯びた物同士や磁気を帯びた物同士のあいだに働く力を直観した。この洞察を、のちにジェームズ・クラーク・マクスウェルが「ファラデー＝マクスウェルの式」として数学的にモデル化することになる。おそらくファラデーには「場」や「力線」といったものが「見えていた」のだろう。

同じような洞察力と直観力がバーバラにもあった。自身の体験から彼女は以下のことを確信していた。

①脳は変化する。
②その変化は植物が地下に根を張るようにして起こる。
③脳のポテンシャルはほとんど無限である。

そのことをバーバラは自分自身で証明した。未来は現在になり、現在は過去になりうることを。そして自分だけが特別ではないと考えた。誰もが同じように時間軸を移動できるはずだ。なぜなら誰の脳にも「シナプス可塑性」と呼ばれる変化可能な性質が備わっているからだ。脳神経障害や学習困難に苦しんでいる人たちの脳も、やはり素晴らしいポテンシャルをもっている。いまは眠っている力を目覚めさせ、活性化させてやればいいのだ。でも、どうやって?

植物なら肥料を与え、充分な水と日光を供給してやればいい。これはラットを「豊かな環境」で育てることに相当している。しかし人間の場合、それでは不充分だ。脳神経障害や学習困難といっても人によってさまざまだからだ。脳を刺激することによって、物理的および化学的な変化が生じ、それが学習改善につながることは間違いない。つぎの段階として、個々の障害や困難を改善するための具体的な方法を見つける必要がある。

ローゼンツヴァイクの研究のなかで、とくにバーバラが注目したのは、分化的刺激によって分化的影響が見られることだった。たとえば目隠しをされたラットが触覚だけの環境に置かれると、脳のなかでも触覚に関係した部分に変化があらわれる。つまり脳のある特定の部分に負荷がかかるように刺激を与えつづけると、その部分は徐々に変化する。

このような生理学的変化を人間の脳でどうやって調べるか。バーバラが研究に着手したのはＣＴやｆＭＲＩなどの画像診断技術がなお充分に確立されていないころだった。しかし当時も非侵襲的方法で灰白質の増加を測定した科学者はいた。たとえば免許取得のために莫大な数の経路を覚えなければいけないロンドンのタクシー運転手の脳には、空間ナビゲーションに関連する右側海馬において大幅な灰白質の拡大が見られた。日ごろから瞑想している人の脳には、感情を司る部分で灰白質の拡大が見られた。また三本以上のナイフや火のついた棒などで曲芸を披露するジャグラーの脳には、視覚および運動活性にかかわる部分で灰白質の拡大が見られた……など。

どうやら空間の認識や空間中の移動、感情の安定や自己制御力、視覚や運動活性などを向上させるためには、これらの機能を司っている海馬や偏桃体などの対象領域に直接働きかけ、刺激してやればいいらしい。では実際に、その方法をどうやって見つけ、一人ひとりにふさわしいエクササイズとして体系化していけばいいのだろう？　ここからバーバラの本当の挑戦がはじまる。

4　脳になりきる

自伝のなかでバーバラは、アメリカの医学者ジョナス・ソークの著書を読んだときのことに触れている。ポリオ・ワクチンの開発者として有名なソークは、著作のなかで自分自身が免疫系になりきったという趣旨のことを述べている。ウイルスになってみたり、がん細胞になってみたりして、ウイルスだったらどうする、がん細胞だったらどうすると感じてみる。自分自身が免疫系になったことを想像し、ウイルスやがん細胞と闘っている免疫系がどう応じるか、頭のなかで再現してみたという。

バーバラがソークに共感したのは、自分も同じだったからだろう。彼女もまた脳になりきった。１９７７年、アレクサンダー・ルリアの本のなかで、彼女は自分とまったく同じ体験をしている旧ソ連軍の兵士と出会った。ルリア博士によると、頭の左側に銃撃を受けた兵士の脳は「頭頂・側頭・後頭連合野」と呼ばれる部分に損傷を受けていた。

これら一つひとつの脳の領域に、バーバラはなりきった。脳と一体となり、各領域がやっていることを感じ取った。本人がそう言っている。脳の各領域になりきり、それぞれが司っている機能を感じ取ったと。類まれな才能と言うべきだろうが、もともと彼女はそうやって困難を乗り越えてきたのではなかったか。小学生のころから論理や推理を通して何かを理解することが苦手だったバーバラは、直観や感覚によってものごとを理解しようとしてきた。彼女にとって世界は分析するものではなく感じるものだった。

面白いのは、ジョナス・ソークの研究対象が主にウイルスであったことだ。ウイルスとは何か？　どういうものなのか？　これがよくわからない。生物なのか物質なのか。

自分なのか他人なのか。ウイルスには正体不明なところがある。

有害な細菌が体内に入ってくれれば、身体の免疫システムはそれを他者＝敵とみなして排除する。細菌感染に抗生物質が有効であるのも、標的を認識しやすいからだろう。標的として認識した細菌の細胞壁やたんぱく質の合成を阻害し、結果的に他者（敵）を死滅させてしまう。このように細菌の場合は、他者として感知されることが多い。

がん細胞の場合は、もともと正常な自分の細胞が変形したものだから、細菌に比べると自己的な要素が強い。自分と見分けがつかないために、がん細胞だけを標的にするのが難しい。このため抗がん剤による治療では、どうしても自己を攻撃するという面が強くなり、それが激しい嘔吐や脱毛や体重の減少といった副作用として現れる。

ではウイルスはどうか？　がん細胞よりは他者的な要素が強いと考えられる。だからインフルエンザのように感染すると免疫反応（炎症）が起こってウイルスを排除しようとするのだろう。ところがウイルスには別の側面がある。B型肝炎ウイルスなどのように、感染しても無症候性のキャリア状態で推移する場合があるのだ。

無症候性のキャリア状態（潜伏感染）にあるということは、免疫システムがウイルスを自己と認識しているということだろう。少なくとも他者（敵）とは思っていない。しかし何かの理由（ストレスによる交感神経の緊張など）で免疫システムがウイルスにたいして過敏になると、免疫反応が駆動されて炎症が起こってくる。このことからウイルスは細菌ほど他者的ではないが、がん細胞ほど自己的でもない、細菌とがん細胞の中間的な存在であると言える。

バーバラにとって自身の脳は、ちょうどウイルスのように自己と他者の中間的な存在だったのではないだろうか。普通の人にとって、脳は肺や心臓や胃や腸と同じように自己である。「自己」と意識しないくらい一体化している。いや、そうでもないか？　ぼくたちの脳にもいくらか他人みたいなところがある。もういい加減に寝ろと言っても、脳は黙って従ってはくれない。くよくよ悩んでもしょうがないから、とりあえず忘れてしまおうと宥《なだ》めても、なかなか懐柔できない。ぼくたちは自分の脳のボスではないのだ。

しかしやるときはやる。試験で問題を解くときなどは、脳と一体となって難問に挑む。誰かを好きになれば、脳と力を合わせて彼や彼女の気をひく方法を考える。バーバラの場合、事態はもっと複雑だった。協力し合うべきところで協力できない。従順であるべき場面でも、離反的に働いたりする。文字や数字を逆に書いてしまったり、算数の足し算がわからなかったり。新聞記事やテレビのニュースが理解できなかったり、友だちの話についていけなかったり。そのたびに彼女は自分の脳に造反者の影を感じた。濃い霧のなかにいるような違和感や疎隔感をおぼえたのも、脳が自己と充分に一体化していなかったせいかもしれない。

脳が完全に自己化しておらず、しばしば他者的であったり離反的であったりしたからこそ、彼女はそれを理解しようとしたのだろう。脳という自己的な他者になりきろうとしたのかもしれない。自己と脳のあいだに隔たりがあったから、一体化という能動的なアクションを起こすことができた。そんなふうにも思える。

それとともに、このときのバーバラに若さを感じる。アレクサンダー・ルリアの著作やマーク・ローゼンツヴァイクたちの研究と出合ったのは1977年、彼女が二十五か二十六歳のときだ。アインシュタインが相対性理論についての最初の論文（特殊相対性理論と呼ばれる）を書いたのは二十五歳のとき。より完璧な一般相対性理論を発表したときでも、まだ三十五歳である。

アインシュタインは数学が苦手だったらしい。彼がすぐれていたのは直観力だった。

宇宙がいかにつくられているかを想像し、頭のなかでそれを見る能力がずば抜けていた。彼は自分が見たものを記述するために苦手な数学（たとえばリーマンの数学）を使ったにすぎない。

バーバラにもアインシュタインに似た直観力があった。脳がいかにつくられているかを想像し、頭のなかでそれを見たり、感じたりすることができた。さらにこのときのバーバラには、アインシュタインと同じように若さがあった。若いから自分の直観を信じることができたのかもしれない。人は誰でも歳をとると直感が鈍ってくる。皮下脂肪のような分別や常識がついて自分の直観を信じられなくなる。フットワークが悪くなって、若いときほど身軽ではなくなるのだ。

だいたい三十、四十にもなった大人が、小学生のようにフラッシュ・カードに時計の文字盤を描いたもので時刻を読む練習をするだろうか？　しかも練習は何時間にも及び、ときには十二時間もつづけて練習したという。この愚直さとひたむきさはバーバラの持ち味だが、そこにぼくは若さというファクターを加えたい気がする。

5　自作自演のエクササイズ

前にも書いたように、うちの次男には軽い脳性麻痺があった。そのため乳幼児のころから、ボイタ法と呼ばれる運動機能障害にたいする治療訓練を受けはじめた。これは仰向け・横向き・うつ伏せといった姿勢をとらせ、治療者が誘発帯という決められた部位を刺激することで、協調した筋活動（運動反応）を引き出すというエクササイズだ。

こういった運動パターンは正常な運動発達の過程では自然に現れてくるが、脳性麻痺の子どもの場合は自然な発現が阻害されているので、治療によって引き出してやる必要がある。できるだけ早期にはじめたほうが治療効果は高いとされていたため、次男も一歳未満のころから取り組んだ。おそらく脳の可塑性との関係で、脳損傷の時期に近いほど、つまり月齢が小さいほど、引き出された反応が定着しやすいということなのだろう。

できるだけ頻回にやったほうがいいらしい。そこでぼくたちは治療の仕方を指導してもらい、自宅で一日に数回行うようにした。これがなかなか大変だった。事情のわからない赤ん坊を拘束して自由を奪い、あまり心地よくない刺激を与えるわけだから、当然、泣きわめいて抵抗する。それを宥めながらの施療は、親としても辛い時間だった。しかもボイタ法というのは習熟が難しく、プロの療法士がやればきれいに出る反応も、にわか仕込みのぼくたちではなかなかうまく引き出せないのだった。

脳になりきったバーバラがやったことは、このボイタ法みたいなものではなかっただろうか。脳が正常に機能していれば、自然に出現する認識パターンを、外部からの刺激によって引き出してやる。それを彼女は自作自演でやったわけだ。しかも治療者と被治療者の一人二役で。

自分で自分の脳を扱うとはどういうことだろう？　まず彼女は被治療者として脳になりきった。頭頂葉や側頭葉や後頭葉といった各領域に自分がいると想像してみた。これらの自分は不活性で睡眠か冬眠の状態にある。つぎに治療者の立場で考える。この不活性な彼（彼女）を目覚めさせるにはどうすればいいか。どんな刺激を与えればいいだろう。使うべき道具は？　具体的な訓練の内容や時間は？　さらに難易度を上げ、より洗練させるにはどういった工夫をすればいいのか。

これらのことをバーバラは一つひとつ解決していった。まさに手探りでつくり出していったという感じである。彼女は時計の文字盤という原始的なツールを使って、自作自演のエクササイズをはじめた。一人二役の強みで、訓練の効果はただちに本人にフィードバックされる。一つの脳領域が改善されていくということは、自分の一部分が変わるということだ。一つの知的機能が稼動しはじめるということは、それまで不活性だった自分が活性化し、自由を取り戻すということだ。それは喜びであり、エクササイズをつづける大きなモチベーションになっただろう。

こうしてバーバラは脳の各領域にかんする理解を深めていった。その領域がどんな機能を果たしているのか、自分自身の実感として明確にしていった。

ぼくたちは「見る」という言葉を当たり前のように使う。では脳にとって「見る」とはどういうことだろう。このとき脳のなかではどんなことが起こっているのだろうか？言うまでもなく「見る」とは光を知覚することである。ぼくたちはどのようにして光を「見ている」のだろう。

そのとき、防波堤のはるか向こうから、奇妙なひとつの斑点がうごめくように五、

六人の少女がこちらに進んでくるのが見えた。（吉川一義訳）

プルーストの『失われた時を求めて』で避暑地のホテルに滞在している主人公が、のちに恋人となるアルベルチーヌを含む少女の一団をはじめて見るシーンである。前にも少し触れたマイケル・ファラデーは、空間のいたるところに何らかの実体（今日では「場」と呼ばれている）が存在していると考え、それを「力線」というきわめて細い線の束としてイメージした。二つの物体のあいだに働く力は、場の「力線」をとおして運ばれる。ぼくたちが「光」と呼んでいるのは、こうしたファラデー力線の動きである。

プルーストが小説のなかで、主人公の「私」に「五、六人の少女がこちらに進んでくるのが見えた」と語らせるとき、少女たちの姿はファラデー力線の動きとして、防波堤のはるか向こうから水面を伝わる波動みたいにやって来て、「私」に何かしらの知覚情報をもたらしたことになる。この視覚情報は主に後頭葉で処理され、「私」のなかで「五、六人の少女がこちらに進んでくる」という整合性のあるイメージをつくり出す。

視覚情報の処理のように単純な作業（一次機能と呼ばれる）では、その機能が一つの領域に局在しているケースが多い。しかし高次脳機能と呼ばれる複雑な作業、たとえば幾つかの情報を関連づけて理解したり、理解したことを言葉で説明したり、さらに何かを新たに記憶したり、目的の場所へ間違わずにたどり着いたり、家族や友だちの顔を認識したり、隣人とお天気の話をしたり、身体の不自由な人を見かけたら手を貸してあげたり……といった知的・精神的な作業の場合は、特定の部位が局在的に受け持つのではなく、脳全体が分散的に協力することでそれぞれのタスクが遂行される。

このように脳の働きの大きな特徴は、個々の神経細胞が単独で働くのではなく、多くの細胞が連絡したネットワークとして機能することにある。とくに複雑な作業（小学校で習う演算や読み書きは充分に複雑な作業だ）は脳内で局在化されるのではなく、脳全体に分散される。

この点が、学習障害を考える際の重要なポイントになる。たとえば足し算という作業が滞りなくなされるためには、ネットワーク化した脳の各領域が協調して働かなくてはならない。ある領域の機能が低下していると、その領域が関与しているネットワーク全体の機能が妨げられ、目的とするタスクがうまく遂行されない。これが算数の問題が解けないといった学習障害としてあらわれる。

農芸化学の考え方に「最小律」というものがある。必要量との割合でもっとも不足している栄養（主に窒素とリンとカリウム）が植物の生長を制限するというものだ。脳の各領域は、感覚や思考や感情といった植物を生育させるための栄養素みたいなものかもしれない。どこかの機能が低下していると、植物の場合と同じように最小律が働いて、脳全体の機能が低下したり妨げられたりする。

しかも特定の脳領域は複数のネットワーク機能に携わることもあるため、一つの領域での機能低下が広い範囲の学習能力に影響する可能性もある。逆に言えば、機能が低下している認知領域に適切な刺激を与えて（発育の悪い植物に窒素やリンやカリウムなど不足している栄養素を与えるように）、この部分を強化してやれば、全体的な機能が向上して幾つもの学習障害が同時に改善されていく可能性がある。

実際にバーバラがやったことを思い出してみよう。１９７７年、二十六歳の彼女がやったことはフラッシュ・カードに時計の文字盤を描いたもので、ひたすら時刻を読む練習をするというものだった。それによって起こった変化は、数学の概念や論理がわかるということであったり、哲学書を読んで理解できるということであったりした。普通の学校のカリキュラムや教科や単元の考え方とは発想がまったく違うのだ。数学や哲学や文学を個々に学ぶのではない。数学や哲学や文学が「わかる」ということを妨げている脳の領域に直接アプローチして、その機能を向上させる。それが彼女のやり方だった。

バーバラがつくり出したエクササイズ、のちに「アロースミス・プログラム」と呼ばれることになる知能訓練法の中身は非常にシンプルだ。「美しい」と言ってもいい。偉大な物理方程式は、どれもシンプルで美しい。アインシュタインの特殊相対性理論も、現在の最先端の物理学であるループ量子重力理論も、その方程式は、ほんの数行で書けるくらいシンプルである。無駄がなく、すっきりしている。

ちなみにアインシュタインの方程式は、重力定数、物質エネルギー、リーマン曲率、ほとんどこれだけで成り立っている。このシンプルな方程式が、その後の世界や時間と空間の見方をがらりと変えてしまったのである。バーバラのやり方も非常にシンプルなものだった。

6 アロースミス・スクール

1980年、二十八歳のバーバラは自分がつくった学習方法で学校をはじめることにした。トロントに開設された学校は、開拓者精神に富んだ祖母の名にちなんで「アロースミス・スクール」と名付けられた。最初の生徒数は十人ほどだった。まさに手作りの学習方法を、一人ひとりに手渡しで伝えていくという感じだ。

彼女の目的は、言うまでもなく学習障害のある子どもたちを助けることである。ただしやり方は従来のものとはかなり違っていた。彼女がつくり出したトレーニング方法は、弱点をカバーするための方策を伝授するといった戦略的なものでもなければ、板書や書字が困難な場合にカメラやパソコンの使用を認めるといった補償的なものでもない。困難を抱えた子の脳がうまく働くようになることに焦点を合わせたものだった。当面の問題を回避しようとするのではなく、障害の根本的な原因に対処しようとするものだった。

バーバラには自分自身の体験から、学習困難は一生つづくものではないという確信があった。そしてトレーニングをはじめる時期に「遅すぎる」ということもない。現に彼女が自分の脳を鍛えはじめたのは二十六歳のときだ。この年齢でもなお脳は可塑性をもっている。ということは、脳の変化は生涯にわたって起こる可能性がある。また改善された機能は、かなり長期間にわたって維持される。さらに一度獲得した機能を、その後も日常的に使いつづけることが刺激になり、脳にいい影響を与えつづけることも期待される。

もう一つ、彼女のやり方は治療的なものではない。バーバラが作ったのは学校であり、病院ではない。そこは子どもたちが自ら学ぶ場所だ。何を学ぶのか？　霧から抜け出し、自由を手に入れる方法である。そのために一人ひとりが自分で脳を鍛え、自らの脳を変える。学校だから先生はいる。彼らは生徒たちが自由を手に入れる手助けをするのだ。

バーバラは「compassion」という言葉を使っている。哀れみ、同情、というよりは「理解」に近いかもしれない。「寄り添う気持ち」と言ってもいいだろう。さまざまな学習障害を抱え、困難な状況にある子どもたちに寄り添う。そして子どもたちが困難を克服する手助けをする。それが彼女が学校をつくったいちばんの理由だ。

現在までのところ、バーバラが仮定している学習機能障害はつぎの19項目に分類される。アインシュタインの方程式ほどシンプルではないが、それでも複雑な人間の脳の機能を考えると、充分にシンプルと言えるだろう。

1　モーター・シンボル・シーケンシング（Motor Symbol Sequencing）……数字やアルファベットなどの記号の連続した意味を理解し、生成する能力。この能力に弱点があると、読む、書く、話すといったことがうまくできない。

2　シンボル関係（Symbol Relations）……二つ以上の概念やアイデアの関係を理解する能力。この機能障害があると、たとえばアナログ時計を読むことができない。

3　情報や指示のためのメモリ（Memory for Information or Instruction）……命令などの情報のチャンク（かたまり）を記憶するための容量。この能力が弱いと口頭での情報や指示をおぼえるのが難しい。そのため講義や長時間の会話が難しかったり、指示されたことを忘れるので無責任や怠惰のレッテルを貼られたりすることがある。

4　予測スピーチ（Predictive Speech）……単語や数字がどのようにつながって一連の文をつくっていくかを理解する能力。この機能が低下していると思考や会話でうまく文章をつくることができない。自分の発言がどういう結果をもたらすかを予測できないので、相手に失礼なことを言ったりする。

5　ブローカのスピーチ発音（Broca's Speech Pronunciation）……ブローカ野は言語表出に重要な役割を果たすエリアで、この領域の機能が低下していると会話が苦手だったり、思考の流れを失ったりする。

6　聴覚音声弁別（Auditory Speech Discrimination）……似たような発音の音声を区別する機能。たとえば「恐怖（fear）と聞く（hear）」、「運命（doom）と墓場（tomb）」など。

7　シンボリック・シンキング（Symbolic Thinking）……象徴的な思考能力。この能力が欠如していたために、バーバラは文学の授業で『白鯨』を習っても、鯨が何を象徴しているのか理解できなかった。

8　記号認識（Symbol Recognition）……単語や記号を視覚的に認識しておぼえる能力。読み方やつづり方をおぼえるのに苦労する。

9　語彙記憶（Lexical Memory）……単語をおぼえる能力。ものの名前をおぼえるのが苦手。ある単語が別の単語と同義であることを認識するのに苦労する。

10　運動感覚知覚（Kinesthetic Reception）……空間認識。自分の身体が空間のなかでどの位置にあるかを認識する。この機能が弱いと物にぶつかりやすかったり、ナイフを使うときなどに怪我をしやすかったりする。

11　運動感覚スピーチ（Kinesthetic Speech）……唇と舌の位置にかんする認識の欠如。この能力に欠陥があると「どの腕時計（which wristwatch）」のような早口言葉を繰り返すのが苦手。

12　非言語的思考（Non-Verbal Thinking）……顔の表情やボディランゲージなどの非言語情報の理解が困難である。

13　狭い視覚スパン（Narrow Visual Span）……一度に幾つもの単語やシンボルや対象を見ることができない。そのため本を読むのに人の何倍も時間がかかる。読書によって重度の眼精疲労を引き起こすこともある。

14　物体認識（Object Recognition）……視覚対象の詳細を記憶して認識する機能。この問題を抱えていると買い物のときにアイテムを認識するのに時間がかかったり、冷蔵庫のなかで必要なものを見つけるのに苦労したりする。

15　空間推理（Spatial Reasoning）……頭のなかで空間を思い描く能力。この能力が弱いと道に迷いやすかったり、物を置いた場所を思い出せなかったりする。動きを空間的に予測する必要があるスポーツ（テニスや野球など）は苦手である。

16　機械的推論（Mechanical Reasoning）……機械がどのように動作するか想像することが困難。また道具を効果的に使うことができない。

17　抽象的推論（Abstract Reasoning）……正しい結果を得るための適切なシーケンスを設計できない。たとえば料理をするときに一連の調理過程を実行することが難しい。コンピュータ・プログラミングなどは苦手中の苦手。

18　一次運動野（Primary Motor）……身体の片側または反対側の筋肉の動きの速度、強さ、制御がうまくいかない。このため身体の動きがぎこちなくぎくしゃくしている。

19　定量化センス（Quantification Sense）……頭のなかで連続した精神的操作を行う能力。この能力が損なわれていると足し算や掛け算の九九ができない。分数なども理解できない。

以上がバーバラの分類した19の学習障害である。一見して羅列的な感じを受ける。やや体系性を欠いている気もする。それはこの分類が実際的なものだからだろう。まず困難を抱えた子どもたちがいる。霧のなかで苦しんでいる子どもたちが目の前にいる。その現場で、彼女が手作りしていっている感じが伝わってくる。

項目ごとの説明は大まかなものだが、一つひとつが一種の方程式になっていることがわかるだろう。障害としてあらわれている内容と、弱かったり損なわれたりしている脳の機能と、その原因となりそうな脳の領域がイコールで結ばれている。

たとえば単語の読み間違いが見られたり、手書きの文字が乱雑で不規則であったりすれば、モーター・シンボル・シーケンシングに問題があり、その原因は後頭葉に近い側頭葉にあると推測される。アナログ時計が読めなければ、シンボル関係を理解する能力に弱点があり、その原因は頭頂・側頭・後頭連合野にある、といった具合だ。

さらにバーバラは、それぞれの脳の領域を強化するための練習問題を創作していった。最初のステップは時計の文字盤だった。フラッシュ・カードに描いた時計の文字盤で何時間もトレーニングをつづけることで、シンボル関係を把握する能力が強化され、彼女は会話についていけるようになり、数学の概念や哲学書が理解できるようになった。

つぎに彼女が作ったのは、空間的推理と運動感覚に関係した練習問題だ。たとえば両目を閉じたまま図形を正確に描く。目を閉じているから、脳は視覚情報に頼ることができない。頭のなかで空間と図形を思い描いて、それを正しく紙の上に描かなければならない。この練習問題を何ヵ月か繰り返しているあいだに、バーバラは運転中に迷子になったり、歩行中に人や物にぶつかったりしなくなっていることに気づいた。

こんなふうに脳を強化するための練習問題を、彼女は一つひとつ手作りしていった。いずれも脳神経障害に起因すると思われる学習困難を克服ないし軽減することを目的としたものだ。集中力を養うためのもの、適切なシーケンスを設計するためのもの、非言語的情報の解釈、情報の記憶、言葉の理解、数字の理解などに焦点を当てたもの……最終的に19項目に分類された学習機能障害に対応した練習問題を作り上げた。

子どもたちを迎え入れる準備は整った。最初に子どもたちの現状についてアセスメントが行われ、彼らが抱えている機能障害から個別のプロファイルが作成される。つぎに脳のどの領域にアプローチするかによって、各自が取り組む学習計画が策定される。それに基づいて子どもたちは自分の脳と向き合う。自分の力で脳を鍛え、脳を変えていく。霧を抜け出し、自由になるために。

7　ザカリーという名前の少年

母親のアリーザは、自動車事故やスポーツ事故などによる怪我や障害を扱う人身傷害弁護士だった。あるとき彼女は法廷で脳損傷を負った男の子の弁護をしていた。彼を診断するために呼ばれた神経心理学者はつぎのように証言した。「このハンサムな男の子と馬に乗ってすれ違っても、普通の子どもと違うことには気がつかないでしょう。でも一緒に時間を過ごせば、ゆっくり話す必要があったり、常に目を合わせておかなければならなかったりすることに気づくはずです。大人になって働き口が見つかったとしても、おそらく長くはつづけられないでしょう。この子は一生援助を必要とするのです」。心理学者の話を聞きながら彼女は思った。「ザカリーのことだわ」。

アリーザは息子が幼いころから示す「奇癖」に苦労してきた。彼は母親とベビーシッター以外の人と話すことを極端に嫌った。恐れていたと言ってもいい。特定の者以外とはコミュニケーションをはかることが難しかった。母親とベビーシッターはザカリーのことをよく知っていたので、彼が言わんとしていることを理解し、根気よく何度も説明して安心させることができた。

この二人にあまりにも強く依存していたため、彼女たちがいないとザカリーは外界とのコミュニケーションがほとんど不可能になった。四歳のときにザカリーは手術を受けた。術後にひどい痛みに見舞われたが、二時間ものあいだ、彼は世話してくれる医者や看護師に痛みを訴えることができなかった。あいにく母親は面会を許可されず、そばにいることができなかったのだ。

保育園に通いはじめると、家の電話を保育園に持ち込み、困ったときには職場の母親に電話をかけて自分の代わりに話してもらおうとした。キャンプに参加したときも悲惨だった。日中の気温は30度を超えているというのに、ずっとテントの外に立っていた。スタッフが彼に「水を飲む？」とたずねるのを怠ったためだ。そんなことをいちいちたずねなければならないことを、スタッフは知らなかった。このためザカリーは一日何も飲まず、トイレに行くこともできなかった。更衣室の場所を訊くことができないので、泳ぎにもいけなかった。

こんな目に遭えば誰だって、二度とキャンプへなんか行くもんかと思うだろう。つぎにザカリーをキャンプに連れていくためには、ベビーシッターが同行することを約束しなければならなかった。まるで松葉杖が必要な歩行困難者のようだ。杖を取り上げられた途端、彼は歩けなくなり、その場にうずくまってしまう。

毎朝、保育園に行く前にはかならず泣いた。まあ、これは誰でもそうかもしれない。やはり不安だし、寂しいのだろう。普通はそのうち諦める。あるいは慣れる。やがて保育園が楽しくなったりもする。だがザカリーは諦めもしなければ慣れることもなかった。保育園が楽しくなることなどありえない。結局、保育園から幼稚園を通して三年間、ザカリーは毎朝泣きつづけた。

小学校でも「奇癖」はつづいた。授業中はほとんど耳栓をして教室の片隅に一人でぽつんと坐っていた。先生はそこを「ザカリーのオフィス」と呼んでいた。呑気な先生だが、それ以外に対応のしようがなかったのだろう。ザカリーは深い孤独のなかにいた。友だちは近所の子が二人、同じ学校の子が一人いるだけだった。三人ともゆっくり話してくれたので、なんとか彼らが言っていることを理解できた。ザカリーのほうはコミュニケーションを身振り手振りに頼っていた。

アリーザにとって、息子と一緒にディナーに招待されることは悪夢以外のなにものでもなかった。出された料理にかんして、信じられないことを言うおそれがあったからだ。日本でもカナダでも、おそらく他の多くの国でも、ディナーというのは正装した人々が食卓を囲んで慎ましやかに坐り、料理の味を褒めたりしながらお上品に会話を交わすといった趣向のものだろう。そんな社交の場にあって、ザカリー少年は耳を疑うような問題発言をするのだった。「臭い靴と骨董品の臭いがする」とか「金属みたいな味」とか「お金の味がする」とか。

アリーザは招待してくれた人に、事前に忠告することを忘れなかった。「息子はときどき食事中に突拍子もないことを言うけど、気にしないでね」。もちろん人々は気にした。「ザカリーを含む一家をディナーに招くことは危険だわ」「たしかにそうだな、ダーリン」。こうして彼らは親戚や近しい友人たちを除いて、ディナーには招待されなくなった。

いったいザカリー君の頭のなかは、どうなってしまっていたのだろう？　最後の案件について検討してみよう。ディナーをめぐる問題発言だ。ザカリー君としてもせっかくのディナーをぶち壊しにしたかったわけではなかっただろう。なにかしら悪意をもって不躾《ぶしつけ》なことを言ったわけではないと信じたい。その一つの根拠としてザカリーはひどく痩せていた。彼は日常的にも食べ物を嫌悪していたのだ。見た目や匂いに不快感をおぼえ、ほとんどのものを食べる気がしなかった。

感覚過負荷と呼ばれる脳の機能障害がある。通常、ぼくたちの脳は環境刺激として入ってくる情報を適切に間引きして、必要なものだけを受け取っている。その結果、自然に見たり聞いたりすることが可能になる。この場合の「自然に」というのは、美しいものは美しく見え、汚いものは汚く見えるということだ。もしすべての視覚情報がフィルタリングされずに入ってきたら、脳は過剰な情報をうまく処理できずに、花を見ても美しいとは感じずに、逆に気持ち悪いと感じるかもしれない。

音の場合はどうだろう？　おそらくものすごいノイズや騒音に曝《さら》されることになるだろう。レコーディングにしても、録音された音をミキシングもせずに聴かされたら、たとえジョンとポールとジョージとリンゴが楽しげに演奏したものでも、長く聴いてはいられないはずだ。何十人ものオーケストラの楽団員がてんでに自分の好きな音量で演奏したら、モーツァルトの40番もひどいものになるに違いない。ましてザカリーが置かれていた状況は、そんな生易しいものではなかったと想像される。

臭い、味、皮膚刺激、どれも適切に処理されなければ、強烈な刺激臭や異臭にめまいを起こし、何を食べても不味《まず》く感じられ、肌に触れるものは熱かったり、冷たかったり、痛かったりする。ザカリーにとって、世界はまさにそのようなものだった。うまく調律されていない世界は、たんに理解できないだけではなく、忌々しく不快で嫌な場所なのである。がやがやとやかましい性悪な塊が、自分に向かって押し寄せてくるようなものだ。

ザカリーはアリーザが法廷で出会った男の子のように、事故などによる脳損傷を負っていたわけではない。それはバーバラが頭に銃弾を撃ち込まれていなかったのと同じだ。にもかかわらず彼女は、頭を銃撃された旧ソ連軍の兵士と同じ体験をし、同じ世界を生きていた。ザカリーの場合も、物理的な損傷によるものではないけれど、生まれつき脳のどこかに機能していない部分があるのは明らかだった。

彼が四歳のときのビデオがある。ぽかんとカメラを見て、「なに、なに、なに?」とか「えっ、えっ、えっ?」とか繰り返している。自分のまわりで起きていることに困惑するばかりで、どうしてそうなっているのかを理解できないのだ。

幼児が「なに?」という疑問をもつのは自然なことだ。ほとんどの幼児は、この「なに?」から、その先の「なぜ?」に進む。これもまた自然なことだ。ある事柄について

「なぜ?」が理解できると、一つの安心が得られる。この小さな安心が経験や学習によって蓄積され、世界は秩序だった規則性のあるものとして構築されていく。

こうした機能が、ザカリーには決定的に欠けていた。脳の機能障害のために、物事の背後にある「なぜ?」にたどり着くことができないのだ。すると世界は物事がランダムに起こっている無秩序なものになる。それは騒音に溢《あふ》れたカオスであり、わけのわからないものが絶えず彼を押しつぶそうとして向かってくる。

不快さと恐ろしさに満ちた世界に住んでいた幼いザカリーは、世界と自分を切り離すことをおぼえた。ほとんど正当防衛と言いたいくらいである。トレパン、シャツなどはいつも同じものでなければならない。お気に入りの自分の鉛筆以外は使うことができない。どんな変化にも過敏に反応してしまうので、髪を切ることができず長く伸ばしつづけた。教室ではいつも同じ席に坐る必要があった。あの手この手で得体の知れない世界をシャットアウトし、自分の身のまわりにはよく見知ったものだけの秩序を築き上げたのだ。

8 関係を理解するということ

ザカリーがアロースミス・スクールにやって来たのは六歳のときだった。最初の診断で、脳に五つの機能障害を抱えているという所見が示された。どれも重度の障害だったが、なかでも深刻なのはバーバラが「シンボル関係（Symbol Relations）」と呼ぶものだった。

これは文字通り、二つ以上のアイデアや概念の関係を理解する能力である。この能力が弱いと、たとえば「above と below（上と下）」や「under と over（○の下と○の上）」のように、単純な関係性をあらわす単語を理解するのに時間がかかり、日常的な会話についていけなくなる。ダイナーでランチを注文して、店員に「コーヒーは食事の前にお持ちしていいですか、それとも後にしましょうか？」とたずねられても、「before と after（前と後）」の関係がわからなければ、困惑するか、「どっちでもいいです」などと適当に答えるかしかないだろう。

アナログ時計が読めないのは、この能力が弱いことに原因がある。時針（短い針）と分針（長い針）の関係が理解できないので、12時5分と1時を混同してしまう。さらに深刻なケースでは、やはりバーバラがそうだったように「bとd」や「pとq」を反転して書いてしまう。「5×3」と「3×5」が同じことや、「3－1」と「1－3」が同じでないことを理解できなければ、数学がわからなくなるのは当然だろう。

計算の手順を機械的におぼえてしまうという手はある。バーバラのように記憶力がすぐれていれば、数学的手法をつぎつぎに暗記してしまえばいい。たとえば「15－6」のように繰り下がりを含む引き算は、「10－6＝4」から「4＋5＝9」という手順を踏めば機械的に答えにたどり着く。しかしこのやり方では数学的な理解には至らないだろう。「速度×時間＝距離」が計算方法としてはわかっても、なぜそうなるのかというう「理由」はわからなければ、「時速50マイルで運転すると、150マイル離れたトロントに着くまで何時間かかる？」というふうに言葉で質問された場合には答えられない可能性が高い。

ザカリーの母親は、息子が聡明であることを確信していた。バーバラにしても知能自体が劣っていたわけではない。特定の機能を除けば、暗記能力など全体的な知能は他の子どもたちよりもまさっていたくらいだ。だがいくら頭が良くても、「シンボル関係」

に障害を抱えていると、自分と従弟の関係が理解できないかもしれないし、祖父母というのは自分の両親の両親であると、何回説明されても納得できないかもしれない。「両親」や「祖父母」という単語は知っていても、言葉が含み持っている意味を把握できていないからだ。

言われたことを字義的にしか理解できなければ、たとえば「彼女ったら甘いものには目がないの（She is crazy about sweets.）」といった比喩的な言いまわしに困惑することになるだろう。「off the hook」が「フックから外す」という逐語的な意味の他に、「窮地を脱する」という慣用句的な意味もあることを理解するのは、ほとんど不可能である。こうなると友だちの冗談が理解できないし、冗談を言うこともできない。彼や彼女の人生は彩りを欠いた退屈なものになるだろう。

関係を理解できないことは、このように日々の暮らしに重大なデメリットをもたらす。社会生活の危機と言っても過言ではないだろう。脳損傷を負った男の子の弁護をした神経心理学者は、「大人になって働き口が見つかったとしても、おそらく長くはつづけられないでしょう。この子は一生援助を必要とするのです」と言っている。それはザカリーの一生であり、バーバラの一生であったかもしれないのだ。

ところで人工知能（ＡＩ）の最大の特徴は、まさに「関係を理解できない」ことである。それはＡＩにとって当たり前のことである。にもかかわらずＡＩが一向に困らないのは、彼ら（というか「それら」）には家族や友だちがいないからだ。ぼくたちのようには生きていないからである。ＡＩはご飯も食べないし音楽も聴かない。

では、いったい何をしているのか？　計算をしている。他に言いようがない。基本的にコンピュータがしているのは計算である。ＡＩとは四則演算に特化した脳と言ってもいいだろう。

数理論理学者の新井紀子さんによると、コンピュータに「太郎は花子が好きだ。」と「花子は太郎が好きだ。」という二つの文の違いを教えるのは至難の業らしい。それぞれの文を構成している要素（単語）が同じだから、演算（足し算）すると同じになってしまうのだ。「ぼくは岡山と広島へ行く。」と「ぼくは岡田と広島へ行く。」も同様である。「岡山」と「岡田」の違いがわからないから、「ぼくは広島へ行く。」と「ぼくは岡田と行く。」というふうに二つの文に分けてやらなければならない。「15－6」という繰り下がりを含む引き算を、「10－6＝4」と「4＋5＝9」という二つの手順に分けてやるのと同じである。

このように融通の利かないコンピュータではあるが、四則演算に置き換えられるものについては、人間をはるかに凌ぐパフォーマンスを発揮する。足し算や掛け算で済むことは、人がやるよりもＡＩにお任せしたほうがずっと効率的である。たとえば画像認識の場合なら、画像の部品（どの位置に、どの色が、どの輝度で写っているか）を特徴量として足していく。加算という四則演算の一つを使って部分から全体に至るのだが、この速度が尋常ではない。ほとんど一瞬である。だから画像認識で人間はＡＩに完敗してしまう。

他にもいくらでも例をあげることができる。カップ麺にゴミが入っているのを見つけるといった不良品検出では、人間は逆立ちしてもＡＩに敵わない。いずれ工場の製品管理などはすべてＡＩが行うようになるだろう。空港のロビーが映った動画を解析させて、行きかう多くの人々のなかから指名手配された人物を見つけ出すとか、何百枚、何千枚ものＣＴやＭＲＩの画像からがんや動脈瘤《りゅう》の有無を判断するといったことも、ＡＩは警備会社の人間やお医者さんよりもはるかに素早くやってしまう。

スマートフォンやデジカメに搭載されているコンピュータは、被写体全員がカメラのほうを向いているか、誰も目をつぶっていないか、みんな笑っているか、といったことを瞬時に見分ける。いずれも特徴量を足していくことによってこなすことのできるタスクである。こうした技術の総体が「ＡＩ」と呼ばれている。

ところが一枚のスナップ写真を見せて、それが誕生日の写真であることをＡＩに理解させるのは極めて難しい。人間なら少々鈍い人でも、一目見ただけでわかるだろう。なぜならテーブルの上にケーキやロウソク、皿、フォークなどが置かれ、花が飾られていて、中央で女の子がニコニコ笑っているからだ。ＳＮＳに投稿された文章が脅迫や嫌がらせであることも、ぼくたちなら一読してわかる。アダルト画像や残酷画像も一目でわかる。しかしツイッターやグーグルやフェイスブックを管理しているＡＩに、不適切なツイートや画像を削除させるには、膨大なデータを与えて学習させなければならない。お金も手間もかかる。

なぜだろう？　人間の脳には関係性を理解するという便利な機能がデフォルトとして備わっているが、ＡＩには備わっていないからである。「人工知能」と呼ばれるＡＩだが、知能を生み出しているのはコンピュータであり、コンピュータは計算する機械である。したがってＡＩに関係性を処理させるためには、ぼくたちなら考えなくてもわかることを、いちいち四則演算に置き換えてやらなくてはならない。計算式の中身は0と1、「真」と「偽」である。この違いしかコンピュータにはわからない。「花子」と「太郎」の違いさえわからないのだ。

こんなおバカなコンピュータを人間並みに賢くするには、いまのところ大量のデータを覚え込ませるという統計的な方法しかない。これが機械学習やディープラーニング（深層学習）と呼ばれるものである。もっともらしく言えば、与えられたデータを繰り返し学習することで、そのデータのなかにあるパターンや経験則、重要度をコンピュータが自律的に認識していく、ということになる。

人間のプロ棋士をつぎつぎに破ったことで有名になったアルファ碁という囲碁プログラムがある。このアルファ碁は「セルフプレイ」というアルゴリズムを使い、自分自身と戦うことで成長していくように設計されている。初期状態ではなんの前提知識もなく、ただランダムに打つしかないが、そこは機械の強み、食べたり飲んだり遊んだりする必要がないので、夜昼なく自分を相手に黙々と修練をつづける。そうやって場数を踏み、勝ったり負けたりを繰り返していくうち、しだいに「勝ちパターン」を学習していくというわけだ。

囲碁やチェスや将棋のように、目的や目標や制約条件が記述できる課題では、誰かが教えなくても、放っておけば機械が勝手に学習して強くなっていく。自動車の場合も「なるべく早く目的地に到着する」という目標と、「障害物にぶつからない」という制約条件を与えて勝手に試行錯誤させているうちに、最初は衝突したり動けなくなったりしていたロボット・カーが、やがて秩序を維持して動くようになっていく。

いずれの場合もコンピュータは「関係」ということを理解したわけではない。四則演算（主に足し算と掛け算）を繰り返していくうちに、あたかも駒と駒の関係や自分と障害物の関係を理解しているように見えはじめる。定石を理解しているような「ふり」ができるようになる。これはまさにバーバラが小学校のときからとってきた「戦略」である。フラッシュ・カードを使って足し算の答えをおぼえてしまうことで、足し算がわかっているように見えはじめる。

しかし彼女が身をもって体験したように、このやり方はいずれ壁に突き当たる。小学校のあいだはなんとか乗り切れても、中学、高校と勉強が難しくなるにつれて、どこかで付いていけなくなる。バーバラの場合は、疲弊と絶望から自殺を企てたほどだ。

一方、ＡＩは自殺を企てるどころか、強化学習によって壁を突破してしまう可能性が高い。なぜならコンピュータではＣＰＵやメモリなどの仕様を変えることで、ほとんど無限に演算速度を上げていくことができるからだ。しかし人間は持って生まれた脳でやりくりしていくしかない。

悲観的に考える必要はないだろう。与えられたものでやりくりしていくことが、まさに人間らしさを、苦悩も含めて一人ひとりの個性を、人が生きることの陰影や深みを生んでいく、そんなふうに考えればいいのではないか。

9　ザカリーの脳を変える

言うまでもなく、ＡＩが行うのは人間の脳が行っていることのごく一部である。脳の神経回路のうち、数理的にモデル化できる部分について、ＡＩは人間よりはるかにすぐれたパフォーマンスを示す。この場合、「数理的」とは四則演算に置き換えられるということだ。

何度も言うようだが、コンピュータとは数学的演算を行う電子計算機である。二進法の基本演算を組み合わせることで、あらゆるデジタル処理が可能になるように設計されている。つまり一つの論理が等式のかたちで与えられていて、入力がこの論理を満たすかどうかで1か0を出力する。コンピュータのプログラムは、このような電子的演算を行う命令で構成されている。

かくも単純な仕様のＡＩが機能するのは、前もってきめられたシナリオがある場合に限られる。囲碁や将棋やチェスにしても、車の自動運転にしても、医療現場や犯罪捜査で使われる画像認識にしても、フィンテックやブロックチェーンといった金融分野でのイノベーションにしても、ＡＩがすさまじいパフォーマンスを示すのは、やるべきことがあらかじめきまっているからである。

一方、ぼくたちが友だちと交わす会話にはシナリオがない。その場で適切な受け答えをすることで会話は進行していく。バーバラにとってパーティに出席することが苦痛以外のなにものでもなかったのは、そこがまさにシナリオのない会話に満ちているからだ。臨機応変に対応できない彼女は、誰かから話しかけられるのが怖かった。だから目立たないように、身を小さくして静かに坐っているしかなかった。

シナリオがない会話で、ぼくたちは「常識」というツールを駆使する。パーティで酔っぱらった出席者から「なかなか盛会ですね」と話しかけられれば、「いや、まったく」などと言って適当に応対する。不意にやって来た友だちに、「暑いからビールでも飲もうか」と言葉を向けると、相手は「できれば麦茶かなんかもらえる?」と返してきた。あいにく冷蔵庫にはペットボトルに入ったウーロン茶しかない。そこで素早く頭を切り替えて、「ウーロン茶でもいい?」といったやり取りが、自然と身に付いている常識のおかげで、ぼくたちにはなんの苦もなくできる。

ところがAIには常識がわからない。「ビールでもいかがですか?」とたずねるヒューマノイド・ロボットに、ちょっと意地悪をして「ビール以外のものをお願いします」と言ってみよう。その瞬間、彼(彼女?)はフリーズしてしまうはずだ。同様に象徴関連障害をもつ人もしばしばフリーズしてしまう。「ええと……」と口ごもったまま、つぎのステップに進めなくなる。そのため融通が利かないとか、柔軟性がないとか思われてしまう。

なぜなら彼らは、AIと同じように前もってきめられたシナリオや、限定されたフレームのなかでしか情報を処理できないからだ。咄嗟《とっさ》に選択肢や代案を思い浮かべることができない。一度こうときめたら、その決断からはずれるのは難しい。「ビールでもいかがですか?」という問いにたいする答えは、「はい、いただきます」か「いいえ、けっこうです」か、どちらかでなければならない。

ＡＩが意味として唯一理解できるのは「真」と「偽」である。「ビールでもいかがですか?」＝「はい、いただきます」という等式が「真」か「偽」かによって0か1を出力する。したがって「ビール以外のものをお願いします」という答えが返ってきたら、「ジュースはいかがですか?」「ウーロン茶はいかがですか?」「炭酸水はいかがですか?」といった具合に、「正解」に行き当たるまで果てしなく問いを発しつづけることになる。ＡＩの場合はこれでＯＫだ。もともとそういうものなのだから。人間が同じことをやれば友だちがいなくなり、仕事をなくし、社会的に孤立するだろう。

こうして見ると、学習困難とは人間の脳がＡＩのような仕様になっているということであり、逆に言えば、ＡＩとは学習困難を抱えた子どもみたいなものである。だからＡＩに学習させる方法は限られている。いまのところ有効なものとしては、統計と確率という二つの方法しかない。膨大なデータを黙々と処理しつづけるＡＩは、このような手法に耐えることができる。

しかし同じ方法を人間に採用すれば、その人間は壊れてしまうだろう。人間の脳はコンピュータやＡＩが想定している神経回路よりもはるかに複雑である。複雑だから、いろいろと不具合も生じる。ＡＩにとって学習障害とは障害でもなんでもない。ＡＩであることそのものだ。学習障害が「障害」として生きることの困難さにつながるのは、ぼくたちが人間であるからだ。学習障害とは、人間らしさの裏返しと言ってもいいのではないだろうか。

アレクサンダー・ルリアの本に出てきた旧ソ連軍の兵士を思い出してみよう。彼は脳の左半球に銃弾を撃ち込まれていた。左半球と聞いて何かピンとこないだろうか。ぼくたちの常識的な理解では、左脳はいわゆる言語脳である。言葉を話し、理解するのは主に左脳の働きによるものらしい。

これにたいして右脳は言葉を話さず、言葉を理解する能力も限定されている。そのかわりに右脳は全体を絵として認識する能力にすぐれている。また身振り手振りや顔の表情、声の抑揚など非言語的コミュニケーションを司るのは主に右脳であると言われている。その反面、推論が苦手とされる。サン＝テグジュペリの童話で王子様が描いた絵を、右脳は帽子としか認識しない。一方、左脳は「なかにゾウが入っているのかもしれないゾウ」と推論する。本当かなあ？

不運な兵士の話を聞くと本当らしく思えてくる。彼が銃撃を受けたのは、まさに推論を引き出しているとされる左半球だった。とくに「頭頂・側頭・後頭（PTO）連合野」と呼ばれる、脳の三つの部分が互いにつながっているあたりが損傷を受けていた。この領域は頭頂部から受け取った感覚情報と、側頭部から受け取った聴覚情報、さらに後頭部から受け取った視覚情報を同時に処理することで、情報を結び付けて関連性を見つけ、推論を引き出したり意味を生み出したりしている。

ザカリーに見られた象徴関連障害では、この領域が正常に機能していないと考えられる。原因はなんであれ、ここがうまく働いてくれないと、言葉や知覚としてもたらされる情報に意味を見いだすことができない。そのため状況がうまく理解できずに、世界から締め出されてしまう。あるいは逆に、自分のほうから世界を締め出してしまう。

２００９年の秋、はじめてアロースミス・スクールにやって来たとき、六歳のザカリーは「学校なんて大嫌いだ。絶対に嫌だ」と言って、頑なにその場から動こうとしなかった。何を言われても理解できないことが自分でわかっていたので、最初からどんな指示も聞き入れようとしなかったのだ。

ちょっと何か提案しただけで敵対的になる。ベテランのスタッフでさえ彼のことを、

「あんなに激しい怒りと不安をあらわす子どもは見たことがない」と評するほどだった。ザカリーの脳は新しいことを理解したり、考慮したりすることを自動的に拒否するように初期設定されていたのだ。こんなふうに脳がデフォルトされていると、他人の意見を聞き入れることができない。一つのことを違う方法でやることを頑なに拒む。未知のものに挑戦することも極端に嫌う。

また好奇心や探求心が完全に欠如しているようにも見える。どんなアクティビティにも、ザカリーはまるで興味を示さなかった。いくら誘導しても、「ばからしい、やりたくない」と言ってドアを閉ざしてしまうのだ。やりたくない理由を説明できないので、頭からはねつけるしかなかったのだろう。たとえ首尾よく遊びやゲームに参加させることができたとしても、ルールがまったく理解できないので、既定のルールを間違って解釈し、その解釈にしがみついてしまう。いくら他の生徒や先生が説明しても耳を貸さない。当然、他の生徒たちは腹を立てて彼を避けるようになる。本人はますます頑なになる。

ザカリーが時計の訓練を必要としていることは明らかだった。だがアロースミスのプログラムはすべて主体的なものだ。馬を水辺に連れていくことができても、水を飲ますことはできないというわけである。それでもスタッフがなだめすかして、なんとか取りかからせてみると、案の定、長針と短針の関係性がまったく理解できなかった。

そこで担当の教師は、ザカリーに立ち上がって自分の手を取るように指示した。「いいかいザック、きみは時計の短い針をやってくれ。そう、時間を示す針だね。で、ぼくが分を示す長いほうの針をやろう。だってぼくはきみよりも背が高いだろう。じゃあはじめるよ。こうやってぼくが歩いていく。そのときさみは何をしている？」「ぼくも歩いている」と言って、ザカリーも歩きはじめる。「いいぞ、その調子だ。じゃあ、きみはぼくの横を歩いているのかな？　それともぼくに付いてきている？」「付いてきている」「ＯＫ。それが時計の短い針、時間を示す針の動きだ。長い針が動くと、短い針はそのあとをゆっくり付いていく」。

こんなふうにしてトレーニングははじまった。まだまだ先は長いと思われた。スタッフにも、おそらく本人にも。

10　脳を耕す

すでに述べたように、バーバラが「アロースミス・プログラム」と呼ばれることになる知能訓練の開発をはじめたのは、ＰＥＴやＭＲＩなどの脳画像診断によって脳領域を精確に特定できるようになる前である。こうした状況で彼女は自分の脳になりきった。直観と感覚を頼りに多くのエクササイズを開発していった。

複雑な脳の仕組みを知るにつれて、それがいかに困難なことであったかが実感されてくる。なぜなら知的機能や学習におけるトラブルはあらゆるレベルで起こりうるからだ。特定の脳領域内でも、領域間における結合でも、またネットワークのトラブルとしても起こりうる。

別の見方をすれば、人間の脳というのは意外と大雑把なのかもしれない。大雑把という言い方が適切でなければ臨機応変と言ってもいい。要するに融通が利くのだ。脳が重層的にネットワーク化されているからこそ、一つの領域が壊死して機能しなくなっていても、別の領域で新しいニューロンが成長して働きを代行してくれるのだろう。領域間の結合が衰弱している場合には、代わりのシナプスが発達して神経情報の受け渡しをしてくれたり、ネットワーク自体の働きが弱まっていれば、新たな経路をもったネットワークが構築されたりするのかもしれない。

脳の柔軟性、ある種のおおらかさに、バーバラのアプローチはふさわしかった気がする。彼女のやり方には、どこか手作りの温かみがある。彼女は自分がやっていることを「治療」とは考えていなかった。いったい誰の何を治療するというのか？　それは治療されるべきものなのだろうか？

脳にたいして「治療」というアプローチの仕方は、たぶん間違っているだろう。脳は病気になっているわけではない。充分に耕されていないだけだ。そしてバーバラが身をもって示したように、自分の脳を耕すのは自分しかいない。他の誰かに代わって耕してもらうというわけにはいかない。他人はせいぜい手助けやアドバイスをするくらいだ。

どんなに困難でも、ときに不可能と思える場合でさえも、ぼくたちの脳には可塑性というすばらしい潜在能力がある。そこにアプローチできるのはぼくやあなただけだ。ぼくがぼくの、あなたがあなたの脳を耕すのだ。

ザカリーの脳は故障していた。バーバラの脳もそうだったかもしれない。しかし故障した脳にたいして「修理」という対処法は適切ではない。脳は車やパソコンではないのだから。脳は修理できない。また修理すべきではない。バーバラが自分にたいして、さらにザカリーのような子どもたちにたいして行ったことは、脳を育てることだった。故障しているように見える脳は、本当は発育していないだけなのだ。植物が地中で充分に根を張っていない状態だ。だとしたら必要なのは水と光であり、リンやカリウムや窒素のような微量栄養素だろう。

二つのやり方がある。一つは化学肥料をがんがん入れる。これによって植物の生育は爆発的によくなる。だが、やがて土壌が痩せ、植物はうまく育たなくなる。病害虫にも弱くなる。長期的に見ると、化学肥料に頼るやり方はあまり賢明ではないようだ。もう一つは堆肥などの有機肥料を使うやり方だ。鶏糞や木屑、落ち葉などを入れて土と混ぜ合わせる。そしてひたすら耕す。あとはミミズやバクテリアなどの地中生物が仕事をしてくれる。

バーバラたちのやり方はこれに近い。教師が与えるのは土壌を豊かにしてくれる有機肥料だ。彼らが子どもたちに教えるのはシャベルや鍬《くわ》の扱い方だ。あとは自分で自分の脳を耕す。するとどうなるか？　多くの場合は成果があらわれる。脳という植物が生長をはじめる。きっと脳にはバクテリアや菌類のような微生物がたくさん棲《す》みついているのだろう。

ザカリーも自分の脳を耕した。スタッフに導かれ、彼らの助けは借りても、耕すのは彼自身だ。自分の脳は自分で耕すしかない。これは治療ではないのだから。未開の大地を耕して植物の種を植えるようなものだ。とはいえザカリーの庭は手が付けられないほど固かった。そこの土は最悪で、これではどんな植物も育たないと思えるほどだった。庭を耕そうとした教師たちは、あまりの固さに驚いた。シャベルの先が入らない。まるでコンクリートだ。

庭土の場合なら、重機を入れて土地全体を掘り起こしたり、新たに土を運び込んだりという手もある。しかしザカリーの脳みそを入れ換えるわけにはいかない。どうすればいいだろう？　やり方は同じだ。氷礫土《ひょうれきど》のようになった固い土壌に堆肥や木くずを入れ、地中の微生物の活動を促し、死んだ土を生き返らせる。時間はかかるかもしれないが、それでも焦らずに、じっくりつづけることだ。どんな劣悪な土壌も生き返る。死んだままということはありえない。バーバラは自分でそれを証明した。そしてザカリーも、同じことを自分に証明しようとしていた。

　脳の固さはその人の人格に反映する。すでに見たように、ザカリーは性格も態度も何からなにまで固かった。頑固で自分勝手で陰気だった。そんなザカリーが変わりはじめた。入学して半年ほど経つと、教師たちは彼に起きている変化に気づいた。まず前よりも社交的になった。それまで閉じこもっていたところから、少しずつ外に出てくるようになった。家でも家族にたいして気持ちを緩め、心を許すようになった。あるときザカリーははじめて自分の父親を「パパ」と呼んだ。それまで母親かベビーシッターとしかコミュニケーションがもてなかった彼としては、目覚ましい変化である。

　いったい何が起こったのだろう？　重度の脳の機能障害のために、ザカリーにとって世界は騒音に満ちたカオスでしかなかった。そんな世界を、彼は自分と切り離すことにした。厚い壁に閉ざされた箱のなかで暮らすようなものだっただろう。だがトレーニングをつづけるうちに、世界は少しずつザカリーの前に姿を現しはじめた。彼は自分のまわりにあるものとつながりはじめた。

　それまでは推論する能力が欠けていたために、なぜそうなるのかがわからず、世界は無秩序で不安に溢れていた。推論できなければ、他人を理解することはできないだろう。その行動からも顔の表情からも、何も汲み取ることができないからだ。相手の機嫌がいいのか悪いのか、友好的なのか危害を加えようとしているのかわからない。エイリアンと遭遇したようなものだ。ザカリーにとって、母親とベビーシッターと数人の友だちを除いて、残りはみんなエイリアンだった。

辛うじて安心できるのは、自分が手を触れることのできる範囲にかぎられていた。見知った物だけが彼にとっての秩序であり、そのため衣服にしても文房具にしても代替がきかなかった。トレパンもシャツも、いつも着ているものでなければならなかったし、鉛筆や消しゴムは自分が使って気に入っているものでなければならなかった。髪の長さも坐る席も、常に同じでなければならなかった。彼は脳の機能障害がもたらす不安や不穏を、物による保護や安心感で補っていたのだ。

時計をはじめとする知能訓練によって、問題のあった脳域が強化されていくにつれて、彼は徐々に世界とかかわれるようになった。まわりで起こっていることの理由や因果関係がわかるようになると、そこが安全な場所だと感じられるようになる。脅かされている感じが薄れ、出ていっても大丈夫だと思えるようになる。ザカリーが他人の鉛筆も使えるようになったことは、見落としてしまいそうなほど小さな変化だが、重要な一歩だった。

その後も彼はゆっくりと、着実に変わりつづけた。母親とベビーシッター以外にも、コミュニケーションのもてる相手は少しずつ増えていった。遊びにも興味を示しはじめた。感覚過負荷は消え、大きな音や特定の食べものにたいする本能的な拒否反応もなくなった。あらゆる面においてザカリーは変容したのである。

変容した？　むしろ本来の姿に戻ったのかもしれない。それまで彼が見せていたのは、この世界でうまく「自分」であることができない一人の孤独な少年だった。

第3章 人間らしい生き方

1　スマホは大丈夫か？

映画はかならず劇場で観るという人がいる。映画好きに多い。やはりあの大画面で観ないと映画の良さはわからないという人もいる。それは映画が映像であり、視覚的なものでもあるからだろう。物語だけではない。そこが小説との大きな違いである。

ぼくなどは家で映画を観ることが多い。たいていテレビでＤＶＤやプライムビデオなどを観ている。劇場に足を運ぶのが面倒くさいということもあるし、夕食の時間にお酒を飲みながら家族と一緒に鑑賞できるという手軽さ、劇場で観るのとはまた違った楽しみもある。まあ、どちらも一長一短だろう。

視覚体験としてみると、この二つは思っている以上に別物かもしれない。劇場ではスクリーンに映った映像を観る。これは光の反射を見るわけだから、通常の視覚体験と同じである。一方、テレビの映像は光としてダイレクトに目に飛び込んでくる。視覚体験としては光を直接見ていることになる。すると二つの体験は、太陽を見るのと月を眺めるのくらい違っていることになる。

ぼくは原則として夜はパソコンを扱わないことにしている。脳が興奮して眠れなくなるからである。風邪を引いたときにテレビを観るとぐったり疲れる。だいいち体調が悪いときにテレビなんて観ようとは思わない。スマホはいまだに持っていない。ガラケーで間に合わせている。

テレビ、パソコン、スマートフォン。共通しているのは光を直接見ていることである。それは太陽を直接見るようなもので、ほとんど狂気の沙汰と言える。かつてヒトが体験しなかったことだ。光を見るとしても、せいぜい焚火《たきび》かロウソクくらいだっただろう。ぼくたちは人類が誕生して数百万年来、はじめてのことを体験しているのである。

これがどういう影響を与えるのか、誰にも予測できていないと思う。なにしろテレビの登場から数えても、まだ六十年か七十年くらいだ。スマホが日常化してからは十年ほどしか経っていない。現在では子どもから高齢者まで、四六時中、スマホやタブレットから発せられる光を見ている。人間の脳にとっては、長時間にわたり強い刺激を受けつづけていることになる。

２　気がかりなことが増えている

近年、学校や社会に適応できない子どもたちが増えていることは多くの人が指摘している。その増え方が尋常でないことを危惧する声も聞かれる。こうした子どもたちは発達障害と総称され、注意欠如・多動性障害（ＡＤＨＤ）、自閉症スペクトラム、双極性障害、失読症、ティレット症候群、強迫神経症といった診断名が付けられる。

前にも少し触れたように、ぼくは近くの大学で文芸創作を教えている。一クラスは二十〜三十人で、なかに一人か二人は先にあげたような診断名のついた、いわゆる「配慮等を要する学生」が交じっている。割合としてはかなりなものだ。これをそのまま社会全体に当てはめることはできないだろうが、似たような障害を抱えた大人や子どもは少なからずいると推測される。

ぼくたちの世代を考えてみると、小学生のころ（昭和40年代）には「特殊学級」で学ぶ子どもたちはいたけれど、「自閉症」などという言葉は聞いたことがなかった。当時は一学級が四十五人くらいだったが、だいたいみんな静かに授業を聞いていた。そのころぼくは落ち着きがなく、私語が多いということで、よく教室の後ろに立たされたり、唇を洗濯バサミで挟まれたりした。いまなら「行動障害」のレッテルを貼られるかもしれない。

アスペルガー症候群や双極性障害や注意欠如・多動性障害といった言葉を耳にするようになったのは、ここ数年のことである。大学で教えはじめてから十年くらい経つけれど、「配慮等を要する学生」は実感として増えてきている気がする。早い段階で診断が下せるようになり、障害が可視化されてきたという医療側の事情もあるだろう。それに伴って学校の対応も変わってきているのだろうが、子どもたちの頭のなかで何か良くないことが起こっている可能性も否定できない。

ためしにアマゾンで検索してみると、「学習障害」や「行動障害」といったキーワードで何千点もの本がヒットする。「発達障害」だと一万点を超えるものが引っかかってくる。中身はというと、読み書き障害（ディレクシア）などの学習障害について理解し、支援しようとするもの。学習障害を抱える子どもの指導法、接し方、育て方について解説したもの。パニック障害、摂食障害、自傷など行動障害の理解と支援、子どもたちの心のケアについて述べたもの。発達障害の心と行動がわかる本、彼らがうまくやっていくためのマニュアル本など、とても全部はチェックしきれない。

これはもう社会全体が神経障害を起こしていると考えたほうがいい。専門家の診断を受ければ、誰もが何かに該当するのではないか。ぼくなどは複数の障害を併発しているおそれもある。それはさておき、子どもが発達障害と診断されて悩んでいる親や、本人が適応障害などで困っている人たちがたくさんいるのは間違いなさそうだ。

3　何が原因なのだろう？

まず考えられるのは、ぼくたちの社会が人を「〇〇障害」として分別する傾向を強めているのではないかということである。とくに適応障害などは、適応しなければならないことを増やして、結果的に生き方の幅を狭めている社会にも問題があるという気がする。

男は、女は、こうあらねばならない。正しいおかあさんはこんなことをするのが好ましい。子どもは明るく元気で素直であるべきだ。散歩時の犬のたたずまいはこうです。公園でボール遊びをしてはいけません。砂浜で焚火をしたらただちに消防車がやって来ます。ついでにパトカーも出動です……これでは人も犬も公園も砂浜も適応障害になってしまう。

だいたい遊び盛りの子どもを何十人も部屋に閉じ込めて、一時間近くも机の前に坐ってじっとしていなさい、それができなければ注意欠如・多動性障害です、なんて言うほうが異常である。給食は好き嫌いなく残さずに食べなさいとか、嫌いなものをどうやって食べろというのか？　まったく大人が子どもをいじめて生きることを嫌いにならせているようなものだ。こんなふうに社会や学校や大人の不寛容と不見識が、さまざまな神経障害の子どもを生み出している、といった面はある気がする。

製薬会社が薬を売るために働きかけている可能性もある。高血圧や総コレステロールの基準値を厳しくすることで、降圧剤や高脂血症の薬を売りつけようとするのと同じ手口だ。「先生、今度ご一緒にゴルフでも」などと言われて、医者も安易に診断を下しているのかもしれない。要するに過剰診断である。だが、それらを差し引いても実数として確実に増えていると指摘する専門家は多い。とすれば○○障害の実数を押し上げている要因が何かあるはずだ。ぼくたちの頭のなかでひそかに活動しているエージェントとは？

食べ物はどうだろう。神経障害の子をもつ親にたいして、「子どもの食生活を見直そう」といったアプローチをかける本もたくさん出ている。ということは、それなりに売れているのだろう。たしかにセロトニン、ドーパミン、ノルアドレナリン、アドレナリンなどの神経伝達物質は体内で代謝によって作られるわけだから、その材料になる食べ物は大切なはずだ。では子どもの脳にとって健康な食べ物は何か。逆に有害な食べ物は？　脳に何を食べさせればいいのか？

単純に考えて、脳は身体の一部だから、身体に悪いものは脳にも悪いはずである。とすれば、まず薬だろう。ワクチンも含めてあらゆる薬は毒であり、身体に悪い。当然、脳にも悪い。抗がん剤から風邪薬まで、悪いものは悪い。だから極力使うべきではない。常識である。

子どもを「〇〇障害」にしないためには、風邪を引いたくらいで薬を飲ませてはいけない。医者に連れていく必要もない。暖かくして安静にしていれば、風邪やインフルエンザくらい自然に治ってしまう。風邪は上手に引いて、長引かせずに治す。お腹が痛いときには食べさせなければいいのである。消化器官がトラブっているわけだから、薬など飲ませたら、胃も小腸も大腸も余計に辛くなってしまうだろう。

そもそも神経障害にたいして薬を使うのはどうなのか？　ＡＤＨＤや自閉症の子どもに薬を使いたくなる親の気持ちはわかる。しかしどんな薬も問題を根本的に解決するものではないので、長期的な改善を得ることは難しいだろう。現在、日本ではＡＤＨＤにたいしてコンサータ、ストラテラ、グアンファシンなどの中枢神経刺激剤が認可されているが、いずれも食欲減退、頭痛、腹痛、睡眠障害などの副作用があるとされる。また日本では認可されていないアデロールは、アンフェタミンを含むため「スマート・ドラッグ」としてオンライン輸入で若者たちのあいだに広まっているという指摘もある。

アメリカでは痩せる目的でコンサータが乱用されたり、「頭が良くなる薬」としてリタリンを服用する学生が増えたりして問題になっている。食欲減退は痩せにつながり、中枢神経の刺激は集中力アップにつながるかもしれないが、健全かつ賢明なやり方とは言えないだろう。そもそも薬を飲んで食欲がなくなったり頭が痛くなったりすれば身体に悪いにきまっている。すると脳にも悪い。諸般の事情に鑑みて、薬を使うことはできれば避けたい。

食べ物や飲み物についてはどうだろう。この場合、何を食べるか飲むかよりも、まず量が問題になるだろう。どんなに栄養や滋養があっても食べ過ぎれば身体に負担をかける。当然、脳にも負担をかける。アルコールも適量だとリラックス効果があるが、飲み過ぎれば身体と頭に多大なストレスをもたらす。そんなことは誰でも知っている。つまり肥満になるほど食べ、内臓を傷めるほど飲んではいけないということだ。

簡単である。いや、そうでもないかも。地下鉄や列車のなかで、さりげなくまわりの人たちを観察してみよう。約半数はちょっと太り過ぎという気がしないだろうか。さらに数人は明らかに肥満、まれに超肥満や病的なまでに肥満、危険なほど肥満の人が目撃されるはずだ。これが日本の現状である。アメリカなどはもっとひどいことになっている。どうやらぼくたちは総じて食べ過ぎているようだ。これが各種の神経障害の遠因になっている可能性は充分に考えられる。育ち盛りの子どもは代謝がいいから、いますぐには問題にならない。問題は親である。親の食習慣は、ダイレクトに子どもに反映する。

さらに厄介なのは、日ごろ口にする食品の質だ。ファストフードとして提供されるハンバーガーやフライドポテトは見るからに身体に悪そうだ。ファミレスの食事やコンビニ弁当なども怪しい。自販機で売っているようなソフトドリンク類も、あまり身体は喜ばない気がする。

では何がどう悪いのだろうか？　端的に肥満や心臓疾患や糖尿病につながるような食べ物は良くないだろう。砂糖、炭水化物、劣悪な脂肪など。ホルモンや抗生物質で育てられた家畜の肉。農薬と化学肥料で汚染された土壌で育てられた穀物や野菜。さらに人工添加物や保存剤の問題もある。

これらをすべて退けるためにはどうすればいいのか？　いちばん手っ取り早いのは絶食である。ぼくたちが口にする食品には、何かしら有害なものが含まれている。とすれば、それらを体内に取り込まないためには食べないしかない。真面目な話である。知り合いのドクターは、がんになったらまず断食をすると言っている。ぼくも週に一回は「プチ断食」と称して夕ご飯を食べない日を設けている。まあ焼け石に水みたいなものだが、なんとなく身体をいたわっているという満足感はある。

4　専門家の意見を聞いてみよう

小児神経障害の専門家たちはどう見ているのだろう？　総じて彼らは遺伝的な要因よりも、子どもたちが発育する環境を問題視しているようだ。たとえ親からリスク因子を受け継いだとしても、遺伝子のスイッチをオンにしたりオフにしたりするのは、その後の環境や経験からの影響が大きいという、いわゆるエピジェネティクス的な考え方である。たしかに障害を抱える子どもの急速な増加は、現代的な生活環境がマイナス要因として働いていると考えなければ説明がつかない。

そうは言っても、容疑者を特定するのは難しい。何がマイナス要因として働いているのか？　食事や薬物の他にも、電磁波、喫煙、ストレス、環境汚染、運動不足、テレビやタブレットやスマートフォンを相手に長時間過ごすことなど、あげていけばきりがない。おそらく何か一つが決定的ということはないのだろう。いくつもの要因が累積して、結果的に子どもの脳が健全に育たない環境をつくり出している。成長した大人の脳でも機能不全に陥ることが増えている。大袈裟に言えば、ぼくたちを取り巻くあらゆるものが、脳のなかでよからぬことをしている可能性がある。そう考えるのが妥当かもしれない。

ぼくが大学院生のころ奇妙な噂を耳にした。筑波の研究者に自殺者が多いというのである。しかも理由のはっきりしない衝動的なものがほとんどだという。筑波研究学園都市といえば関東平野のど真ん中を切り開いて作られた、当時としては最新にして最高級の設備をもった大規模研究所である。ぼくも一度訪れたことがあるが、不気味なほど整然として清潔な人工都市だった。そこで研究者たちがつぎつぎと謎の自殺を遂げている。その頻度は日本人の平均自殺率の数倍とも言われていた。

結局、原因は解明されないまま、いつのまにか忘れられてしまったが、研究学園都市という人工的な都市デザインが、なんらかの影響を与えていたことは容易に推測される。大自然のなかに忽然と出現した最先端の科学都市という、あまりにも極端な生活環境は、それだけで人間の脳に不健全に作用するのかもしれない。

思いがけないものが、脳に悪い影響を与える可能性がある。公共事業や自然災害などによって、新設の住居への移住を余儀なくされた人たちのなかに、うつ病や自殺が多いという話もよく聞く。人とのつながり、自然とのつながり、歴史や伝統とのつながり、こうしたつながりを欠くと、ぼくたちの心と身体は不調に陥ってしまうようだ。

5　脳は未完成な臓器である

母親の胎内からオギャーと言って出てくるときには、とりあえず生命維持に必要な臓器は出来上がっていなければならない。出生時に心臓がまだ発育途中というのは明らかに異常であり、その赤ん坊は自力では生きていけない。

発生学的に見ると、ヒトの臓器ではまず心臓や肝臓、脾臓などができ、やや遅れて腎臓、最後に肺という順番で形成されるらしい。母親の胎内で過ごす十ヵ月ほどのあいだに、胎児は生物の進化の過程をたどると言われる。出産は胎児にとって、生物が海から陸へ上がるのと同じくらいドラマチックな出来事であり、まさに命がけの大仕事ということになる。

遅れて出来上がった臓器だけに、呼吸器はそのままでは充分に機能しない。鍛えてやる必要があるのだ。まず泣く。それから笑う。赤ん坊にとって泣いたり笑ったりすることは、感情の表現というだけではなく、呼吸器を鍛錬することでもある。逆に考えれば、赤ん坊のときにたっぷり泣いて、たっぷり笑って、呼吸器をしっかり鍛えることで、豊かな感情が育まれるのかもしれない。歌うことにも呼吸器が関係している。どうやら呼吸器はとても人間的な臓器と言えそうだ。

臓器のなかではやや奥手な肺や呼吸器とくらべても、生まれたばかりの赤ん坊の脳は、その未完成度が際立っている。基本的な構造こそ出来上がっているが、生まれた段階で脳に備わっている機能は、呼吸、心拍、血圧、代謝の他、身体の重要な器官をコントロールするのに必要なものだけである。いわゆる人間的な心は出生後に発達をはじめる。

もちろん胎児のあいだにも脳は発育する。とくに大脳皮質やグリア細胞は主に胎児期に発育すると言われている。この成長は栄養や刺激というかたちで母親の身体からのフィードバックに依存している。胎児にとっては母体が全世界みたいなものだから、母親が心身ともに健やかな状態にあることはとても重要な意味をもつ。

それにも増して、この世にデビューしてから乳児の置かれる環境は重要である。ヒトの脳が発達するのは、神経細胞（ニューロン）同士をつなぐ接続点（シナプス）が増えていくことによる。出生時には1兆ほどだったシナプス（それでもたいへんな数だ）が、六歳になるころにはなんと1000兆に増えているという。驚異的な発達スピードである。この膨大な数のシナプスが、さまざまな情報のやり取りをすることで、言葉をおぼえたり、人間らしい複雑な動きができるようになったりしていく。

シナプスが成長するには二つの要素が必要だ。一つは酸素やグルコースなどの燃料。もう一つは刺激である。刺激のない状態では、いくら栄養があっても細胞は増殖しない。植物に水と肥料だけ与えて、日光を与えないようなものだ。マーク・ローゼンツヴァイクたちのラットを使った実験でも、「豊かな環境」のケージに入れられたラットは、「貧しい環境」のラットより脳の重量が増していた。

このことは子どもたちの脳の発育にかんして、重大なことを示唆しているのではないだろうか。脳の複雑な成長は環境との対話に多くを依存している。対話を欠いた脳は健全に育たない。

6　二人の子どもをくらべてみよう

夏休みの一日、太郎くんは家族で海水浴に出かけた。太陽の光をいっぱいに浴びる一日である。さっそく海に入って泳ぐことにする。水の抵抗、冷たさ、塩辛さ、さまざまな刺激を受け取る。水中メガネで海のなかを覗《のぞ》くといろんな魚が泳いでいる。他にもイソギンチャクやヒトデや名前を知らない生物が目にとまる。しばらく泳いで疲れたので、砂浜で身体を乾かすことにした。

「なにしてんの？」

「乾かしてるんだ」

「一緒に遊ばない？」

「いいよ。何して遊ぼうか」

「砂でお城をつくるってのは、どう？」

「面白そう」

二人は砂を集めてお城をつくりはじめる。大人が近くを通りかかる。

「山をつくっているのかい」

「お城だよ」

「ほう」

また別の大人がやって来る。

「大きな山だねえ」

「お城だってば」

ところが城は完成しかけたところで崩れてしまう。

「なんてことだ！」

「しょうがないよ」

「せっかくつくったのに」

「またつくればいいじゃないか」

「おなかが減ったなあ」

「昼ご飯を食べたらまた遊ぼう」

海の家ではおとうさんとおかあさんが待っている。昼ご飯はおにぎりだ。今朝、おかあさんと一緒につくったのである。太郎くんは自分用のおにぎりをちょっと大きめにつくった。その大きなおにぎりにかぶりつく。

「太郎のおにぎり、大きすぎるんじゃないか」

「わたしもそう言ったんだけど」

「おにぎりは大きいほうがおいしいんだ」

「梅干しは入ってるのかい」

という感じで、太郎くんの夏の一日は過ぎていく。光、温度、味、匂い、水の抵抗、重力、砂の手触り、足触り、見知らぬ友だちとの出会い、海のなかの生物の観察と発見、巨大なおにぎり、両親との会話……心と身体に働きかけるさまざまな刺激に満ちている。まさに「豊かな環境」である。

一方、ボブくんのところは両親が不在である。仕事に出かけているのか、遊びにいっているのか、はたまたシングルマザーなのか、詳細はわからない。日曜日、ボブくんは朝からタブレットでゲームをやっている。朝ごはんはシリアルにミルクをかけて食べた。冷蔵庫のなかにはコーラやジュース類が入っている。おやつにはポップコーン。昼は冷凍のピザをレンジで温めて食べるつもりだ。そのあとはアイスクリームをたっぷり。

たまたま今日が、こんなふうだったのかもしれない。それならノー・プロブレム。しかし毎週こうだと、ちょっと心配だ。ほぼ毎日となると、かなり危惧すべき状況である。ボブくんの脳は「貧しい環境」のケージに入れられたラットのように、発育不全に陥ってしまうのではないか?

7　健康な脳を育てるために必要なもの

脳はその成長に必要な刺激を身体から受け取る。また身体のほうも、筋肉を動かす信号を神経伝達物質というかたちで脳から受け取っている。このように脳と身体は共依存関係にある。両者が歩調を合わせることで、人は健やかに成長していく。

脳を活性化させ、発育させるための刺激はほとんど外界からやって来る。光、音、振動、匂い、味、温度、触覚、圧迫、重力など。これらの刺激を太郎くんはたっぷり受け取っていた。一方、ボブくんが受け取る刺激は、かなり偏ったものだ。とりわけ視覚に傾斜している観がある。食べ物を味わう喜びが希薄であり、親や友だちとの会話がないのも心配だ。

刺激の種類が偏ると、どうして脳にとって良くないのだろうか？　それは刺激によって、受容体や配線が異なっているからだ。たとえば網膜には光を受け取るための受容体（網膜錐体《すいたい》細胞や桿体《かんたい》細胞と呼ばれる）がある。内耳には音を伝達する受容体が、関節や筋肉には動きや重力を感じる受容体が備わっている。これらが脳を活性化させる刺激の流れを作り出すための、いわばスイッチの役割をしている。そして家のなかの明かりのスイッチのように、各受容体は身体の神経系のなかで、それぞれきまった神経回路をもっている。

外から入ってきた刺激は配線を伝って受容体から脊椎の神経まで伝わり、脳幹部から脳全体へ送られる。脳の各部位にたどり着いた刺激は、そこで細胞の爆発的な活動を誘発する。「ヘッブの法則」で知られるドナルド・ヘッブが「発火」と呼んだものだ。簡単に言うと、神経細胞が繰り返し刺激されて発火が起こることで、細胞間の結合強度は強まる（シナプスの伝達効率が増強される）。逆に発火が長い期間起こらないと結合強度が弱まる（伝達効率が減退する）。このように神経細胞間の結合強度は刺激の有無によって変化していく。この性質が「神経可塑性（シナプス可塑性）」と呼ばれる。

脳の神経細胞（ニューロン）が行っている仕事は二つしかない。情報の受容と送信、入力と出力である。情報の受け渡しは、神経細胞の接合部（シナプス）で行われる。したがってシナプスが増え、その結合強度が強まることは、情報処理スピードが速くなることを意味しており、学習や記憶のカギを握る。また脳と身体の共依存関係からすると、身体の発育にも重要な役割を果たしていることになる。結合強度の強いシナプスがつくり出されるためには、繰り返し加わる刺激によってニューロンが活性化される必要がある。

その場合、問題になるのは刺激の頻度と持続時間と強さである。ここで重力がにわかに存在感を増す。なぜなら頻度と持続時間において、重力が脳に加えている刺激は、他のどんな刺激よりも大きいからである。ぼくたちは一日二十四時間、絶えず重力に抵抗して生活している。身体を動かすことはすべて重力に抵抗することである。立ち上がるだけでも1Gの重力に筋肉は抵抗しなければならない。寝返りを打つときも、身体のどこかの筋肉が重力に抗《あらが》っている。これらが刺激となって脳に伝わる。

もしも重力がなければ？　長期間を宇宙ステーションで過ごす宇宙飛行士たちの健康障害については、NASAなどでも問題になっている。骨密度が失われるとか、心臓への負担が大きいといった身体的影響の他にも、視力の低下や位置認識の錯覚など、子どもの神経障害に関連していそうな例も報告されている。脳にとっても身体にとっても、運動は大事ということだ。子どものころ親や先生から「外で遊びなさい」と口うるさく言われたのは間違いではなかった。「健全な精神は健全な身体に宿る」という格言は、脳の成長という意味では正しいようだ。

とはいえ、過ぎたるは及ばざるがごとし。やり過ぎは禁物である。普通の人は、頭部に60Gの重力がかかると脳震盪《のうしんとう》を起こすと言われている。これがボクシングのノックダウンだ。1962年の世界ウェルター級タイトルマッチで、チャンピオンのエミール・グリフィスに十二回TKOで敗れた元王者のベニー・パレットは、十日後に命を落としている。

フットボールの激しいボディ・コンタクトでは100Gくらいの重力がかかるらしい。亡くなった元アメフト選手の脳検体を調べると、約九割に慢性外傷性脳症（CTE）の病理学的所見が確認されたという。NFLの選手に多い自殺や不審死のなかには、こうした脳神経障害が原因として疑われているものもある。やはりいろいろな刺激をバランスよく受け取ったほうがよさそうだ。

校庭で自転車に乗る練習をすること。友だちと野球をすること。親に学校での出来事を話して聞かせること。家族でお喋りしながら食事をすること。要するに、子どもが普通にやっていること、やりたがることをやらせればいいのだ。ところで、この「普通」ということが、いまはかなり特別なことになりつつあるのかもしれない。下手をすると、お金持ちの特権になりそうな気配さえある。

ほとんど遊ばない子ども、人との触れ合いを欠いた子どもたちは脳の発育が小さいとも言われる。ルーマニアでチャウシェスク政権時代に新生児たちを人工的に育てるという試みがなされた。やさしくささやきかけられることも、抱かれることも、くすぐられることもなく、情緒を遮断されて育てられた子どもたちは、笑うことも泣くこともできず、一日中、胎児のような姿勢で身体をゆすりながら過ごしていたという。

感受性が育まれるには、親や他人とのコミュニケーションが大切ということだ。すると共働きで忙しい親が、子どもの遊び相手にタブレットやスマホを与えるのはどうだろう？　テレビやモバイル機器が悪いと、一概には言えないにしても、現に神経障害を抱えた子どもが増えているとすれば、その一つの要因になっていることは間違いないだろう。

しかし当面、状況は変わりそうにない。現在の生活環境を昔に戻すことはできないからだ。子どもに早くからスマホやタブレットを持たせることは好ましくないと、多くの親が思っているとしても、まわりがみんな持っていれば、自分のところだけ持たせないというわけにはいかない。いずれにしても学習障害や行動障害や発達障害や適応障害に苦しむ子どもや大人は、今後さらに増えることはあれ、減ることはないと考えてよさそうだ。

8　男もつらいが、人間もつらいよ

なぜ学習障害や行動障害や発達障害や適応障害が問題になるかというと、それはぼくたちが人間だからである。一人前の人間としてクリアしなければならないハードル、幾多の課題があって、クリアできない人たちが○○障害という、うれしくないレッテルを貼られることになる。たとえば「排泄はトイレで行わなければならない」というルールがあるから、うっかり出しちゃうとその行為は「失禁」などと呼ばれて認知障害を疑われることになる。

これがチンパンジーなら楽だ。なにしろ楽ちんパンジーと言われるくらいである。ゴリラやチンパンジーとヒトの遺伝子配列の違いは1・3%くらいらしい。このわずかな違いのため、人間は「そろそろ月は飽きたから火星まで行ってみようじゃないか」なんて話をしているが、チンパンジーのほうは今日に至るまでパンツもはいていないという気の毒な現状である。

だが「気の毒」というのはあくまで人間の視点であり、チンパンジーからすればぼくたちのほうが気の毒かもしれない。「今日は暑いからパンツをはかずに一日過ごそう」というのは、彼らにとってはなんの問題もないが、人がこれをやっちゃうと彼も彼女も間違いなく人間失格である。排泄の問題も然り。チンパンジーの世界におそらく「失禁」という言葉はない。

どうしてこんなことになってしまったのか？　遺伝子的にはほとんど差がないヒトとチンパンジーのいちばんの違いは、やはり言葉の有無だろう。トレーナーが手間暇かけて教育すれば、チンパンジーも言葉や手話をおぼえることはあるようだが、それは人間の言語とはまったく違う。ぼくたちの場合は放っておいても、自分のまわりで使われている言葉を自然におぼえてしまう。やはり言語習得の能力は人間に独自のものと考えてよさそうだ。

チンパンジーと人間は六百万年ほど前に共通の祖先からわかれたと言われている。現在のぼくたちとチンパンジーは、六百万年分の進化によって隔てられているのである。アウストラロピテクスの登場が四百万年前、器用な人と呼ばれるホモ・ハビリスが二百五十万年前、ホモ・エレクトウス（直立人）が百八十万年前、そして新人ことホモ・サピエンスの登場は、諸説あるけれど控えめに見積もって十万年前といったところか。このホモ・サピエンスのなかで言語脳が発達し、それに伴って最初の芸術、複雑な技術、宗教などが生まれたと考えられている。

よく知られているように、言語能力をもたらす神経系の活動は脳のなかの一定の領域、主に左半球に集中している。18世紀のフランスの医師ポール・ブローカは、左半球下前頭葉に病変があると失語症になることを突き止めた。有名なブローカ野である。またドイツの医師カール・ウェルニッケは、側頭葉のある領域が傷つくと、単語や音は聞きとれても理解ができないことを発見した。現在でも左側頭葉の一部はウェルニッケ野と呼ばれ、ここが損傷を受けると書かれたことや話されたことが理解できず、自身は周囲が理解できない無意味なことを淀みなく話すという、いわゆるウェルニッケ失語症になる。

このように言語機能をもつ脳は左右の非対称を特徴としている。一方、言語機能をもたない脳は、左右の均衡がとれているらしい。このことは人間の場合、左右の脳がバランスよく発達しないと、さまざまな機能障害を引き起こすことを予想させる。しかも最近になって、脳の機能局在は当初考えられていたよりも細分化していることがわかってきた。これはPETやfMRIといった非侵襲的な方法によって、人間の脳を調べることができるようになったおかげである。

それまでは臨床医学的な症例、つまり患者の登場を待つしかなかった。ブローカやウェルニッケは洞察力もあったのだろうが、運も良かった。研究材料となる患者が現れない場合は動物実験しかない。たとえばラットの大脳皮質の一部を切除して、その前後の行動を測定し、数値化してみると、学習や記憶に影響を与えるのは切除した部位ではなく、大きさであることがわかる。なるほど、各種能力の喪失は大脳皮質の場所ではなく量が関係しているらしい。こうしてラットを使った動物実験では、脳は「等能性」という性格をもつことになる。

20世紀初頭になっても、なお等能性の立場が主流で、脳の働きは場所によって異なる（機能局在）という考え方は傍流に過ぎなかった。もちろん動物実験でも、大脳半球を切断すると知覚と運動能力と判断力が失われるとか、小脳がなくなると動きがぎくしゃくして平衡感覚がなくなるとか、脳幹を切除すると死ぬとか、その程度の機能局在性は認められる。しかし記憶や認知といった高度な能力を担当する領域を見つけることはできず、これらの能力は脳全域に散在していると考えられていた。

しかし現在では、ヒトの脳にある何十億というニューロンは、特定の仕事をするための局所的かつ専門的な回路を構成していることがわかっている。そして脳内の異なる回路（モジュールと呼ばれる）はそれぞれ個別の入力情報を並行して処理していると考えられている。ある部分は言葉を聞いたときに反応し、別の部分は言葉を文字で見たときに反応する。さらに言葉を話すときに活発になる領域もあり、それらがすべて同時に活動する。したがって脳が健全に発達していくためには、さまざまな刺激を受け取って、バランスのとれたモジュールの構築を促す必要がある。

大変なことになった。脳の発達過程において、ぼくたちがクリアしなければならないハードルはきわめて高い。すべての回路が正しく配線されている必要があるし、どの領域もバランスよく成長していかなければならない。どこかでやりそこなうと、「正常」や「普通」からはみ出してしまう。男もつらいけど、そもそも人間であることがつらいのだ。

人間は知る存在である。ぼくたちは気軽に「チンパンジー」とか「ゴリラ」とか言っているけれど、自分がチンパンジーであることを知っているチンパンジーはおそらく一体もいない。なぜなら彼らは自分がチンパンジーであることを知る必要がないからである。もちろん自分たちが霊長類と呼ばれていることや、ゲノムの98%以上がヒトと同じであることなど、まったく知る必要はない。知る必要のないことは知らずに済ますのが自然である。

人間は自然からはみ出した存在なので、知る必要のないことまで知ろうとする。この大宇宙のなかで自分たちは何ものなのか。どこから来て、どのようにしてここにたどり着いたのか。そういうことは、人間であるかぎりにおいて問題になる。しかし考えてみれば、人間が自分たちを哺乳類と認識するようになったのはそれほど昔のことではない。せいぜい数百年といったところだろう。それまでは「わしは王様」「わたしは修道士」「おいらは農民」くらいの認識でよかった。

ましてや核戦争の脅威や地球温暖化やＡＩによる雇用破壊や新型ウイルスのパンデミックやデジタル通貨が人々の生活に与える影響……といった問題は存在すらしなかった。数々の複雑で難しい問題に頭と良心を悩ませ、それなりに対策を考えるのが、地球市民たるぼくたちの使命ということになってしまった。もう一度声を大にして言おう。人間はつらい。

さらに人はつながって生きる動物である。チンパンジーやゴリラがまったくつながっていないわけではないにしても、社会という大規模なつながり方をしているのは人間だけだろう。この社会がいまや「グローバル」などと呼ばれていて、国際情勢や金融問題には誰も無関心ではいられないという状況だ。いや、無関心でも無知でもいいけれど、そういう個人の事情などお構いなしに、国際情勢や金融問題は如実に個人の生活に影響を及ぼす。それが「グローバル」ということだ。

こうした状況にたいして、ぼくたちのほとんどが多かれ少なかれ学習障害や行動障害や発達障害や適応障害に陥っている。とすれば○○障害の増加は、時代がつくり出したものとも言えそうだ。その増加が著しいことは、時代の変化があまりにも大規模かつ急激で、変化にうまく適応できない人たちが増えているということかもしれない。

9　大人も安全ではない

使わないものは退化したり失われたりするのが動物界の鉄則である。飛ばない鳥は飛べなくなる。光の届かないところに暮らす魚の目はほとんど見えなくなる。現在の便利な生活のなかで、ぼくたちが退化させている機能はたくさんあるはずだ。

たとえば昔は、いまよりも口を道具として使うことが多かっただろう。とくに歯と顎は重要だった。肉食動物たちにとって歯は、捕食のための重要な道具であり、身を守る武器でもある。鳥たちのなかには嘴《くちばし》を道具に使うものがいる。キツツキは嘴で木の幹に穴をあけるし、カラスはゴミ袋を破ってなかのものを道にまき散らす。嘴で小枝などを集めて巣を作る鳥も多い。

人間も動物だから、かつては口を道具として使っていたはずだ。生肉を喰いちぎったり、木の実を割ったり。つまり調理用具として歯や顎を使っていたわけだ。日本の伝統工芸を紹介するテレビ番組などでは、細かな作業を必要とするところで、職人さんたちがよく口を使っているのを見かける。いまほど機械に頼ることのなかった時代、人は手と足と口を総動員してものを作っていたのだろう。

現在では道具としての口はすっかり退化してしまった。ぼくたちが口を使ってすることといえば、食べることと喋ることとくらいである。このうち食べることにかんしては、早くから顎の退化や縮小化が言われている。もっともこれは火を使い、道具を使うことによる、数百万年や数十万年という長い時間のなかでの変化でもあるらしい。それが近年、急激化しているということだろう。

まず固いものを食べなくなった。子どもの好きな食べ物のランキングでは、年齢によって多少の違いはあるものの、だいたいカレー、寿司、ラーメン、ハンバーグ、フライドポテト、うどん、そば、スパゲティ、ピザといったところが上位に入る。ほとんどがファストフードと呼ばれる類のものである。これはその名のとおり、短時間で食すことができる。当然、咀嚼《そしゃく》の回数も少なくなる。顎が退縮するはずだ。歯科の立場からは、歯並びの悪い子どもが増えることになる。

喋るほうも問題なしとは言えないようだ。まずメールや画像によるコミュニケーションが増えた。これは書くことや考えることに大きな影響を与えているはずだ。加えてコロナ禍によるマスク着用と会話の自粛である。これらの新しい生活習慣も、脳にはあまり好ましくないように思える。将来は認知症の患者が増えたりするかもしれない。

いまや生活に必要なものはすべてオンラインで賄うことができる。サービスや娯楽も手のひらの上にとり寄せることができる。どこかへ行くときにはスマホのグーグル・マップを呼び出す。その通りに歩いていけば目的地にたどり着ける。昼はイタリアンにしようかなと思ったときは食べログだ。コンビニやスーパーではスマホを店の端末にかざせば支払いはOK、お金の計算さえしなくていい。ぼくの場合、仕事中に何か調べるときはグーグルの検索機能を使う。それこそ日に何度となく使う。英語がわからないときは翻訳アプリだ。

というように、ぼくたちはいつのまにかスマートフォンやパソコンの操作法さえ習得すれば生きていける世界をつくり上げてしまった。それ以外のことを知らなくても、とりあえず困らない。自分で考えたり判断したりする必要はない。家畜の脳は、もっとも近い野生種の脳にくらべてはるかに小さいらしい。多くの認知的サブ・タスクを人間に外注しているからだ。ぼくたちも多くのものをコンピュータやインターネットに外注している。するとヒトの脳も、家畜たちの脳と同じように縮小していく可能性がある。いまからＰＥＴやｆＭＲＩでデータを集めておいたほうがいいかもしれない。

大人も問題なのである。大人が問題である、と言ったほうがいいかもしれない。大人こそが問題である。ぼくたち自身が、先を争うようにして自分たちを刺激の少ない環境に追いやっている。まさにローゼンツヴァイクのいう「貧しい環境」だ。「貧しい環境」のケージに入れられたラットのような生き方を、自ら選んでいる。大人の生き方を子どもたちが模倣するのは当然だ。模倣した子どもたちのなかで○○障害の増加が顕著に見られる、ということかもしれない。

子どもたちの障害は、学校や義務教育といった狭い格子のなかで可視化されやすい。本当はぼくたち大人の脳のなかで、さらに重大な機能不全が起こっているのかもしれない。誰もが目に見えない○○障害に陥っている可能性がある。現にスマートフォンやインターネットのない環境に放り込まれれば、ぼくたちの多くが適応障害をきたすはずだ。たかだか数十年前の生活スタイルにさえ適応できなくなっているのである。

だから？　何か問題でも？　時代が後戻りすることなんてありえないのだし、「Society 5.0」という言葉だってある。狩猟社会、農耕社会、工業社会、情報社会につづく未来像ということで、国の科学技術基本計画にも盛り込まれているらしい。時代が異なれば求められる能力も変わるのは当然である。これからはコンピュータをいかに使いこなすかが生活の核になる。それ以外のことはできなくてもかまわない。

そういう考え方もある。だとしたら、いま〇〇障害として問題となっていることの多くは将来は解決するかもしれない。現在の学校教育のなかで学習障害とか行動障害といったレッテルを貼られている子どもたちは、来るべき5・0社会では「正常」かもしれない。むしろプログラミングに抜きんでた能力を発揮する子どもとして、リーダー的存在になっていくかもしれない。

いったい何を、どう考えればいいのだろう？

10　ぼくたちは岐路に立っている

バーバラの半生は「自分」を手に入れるために費やされた。ぼくたちの多くが所与のものと考えている「自分」が、彼女には手の届かないものだった。どこかで何かがうまく機能していなかった。そんな自分をネガティブにしか評価できず、自己肯定感はゼロに近いほど低かった。慢性的なうつ病にも苦しめられた。

自分を手に入れることとは、「自由」を手に入れることでもある。たとえば手足を自在に動かす自由。うまく機能していない自分は、しばしば物にぶつかって怪我をした。小学校では文字を左右反対に書いて先生に叱られた。数字を自在に扱う自由からも見放されていた。計算の意味がわからない彼女は、算数では暗記に頼るしかなかった。

図書館で読みたい本を読む自由。新聞記事やテレビのニュースをその場で理解する自由。友だちとの交わりや、パーティでの会話を楽しむ自由。誰もが普通に享受している自由から見放されていた自分を、彼女は「いつも崖にしがみついているみたいだった」と振り返っている。自らを自由な場へ解き放ち、自分が自分であることを味わうために、長い霧のトンネルを抜けなければならなかった。そうして二十代半ばにして、ようやく自分の脳を鍛えるという方法にたどり着いた。

バーバラが半生を費やして手に入れたものを、いまぼくたちは安易に手放そうとしているように見える。あやしげな新型ウイルスに脅かされて、多くの人が自由を制限してくれと国や政府に懇願している。進んで大切な自分を差し出そうとしている。「民主主義」と呼ばれてきたものは内実を失い、名前だけが亡霊のように巷をさまよい歩いている。その中身はナチズムやスターリニズムと変わらないものになっている。「自由」や「自分」の定義が180度変わろうとしているのかもしれない。これからはウイルス感染やがんなどの病気を免れることが「自由」になるだろう。常習化するワクチン接種や精密な健康管理によって生命を守られるものが「自分」になるだろう。現在の中国のように、個人情報をすべて差し出す見返りとして国家に自分を守ってもらう。それがリニューアルされた「民主主義」ということになりそうだ。

当然、「人間」という概念も変わるだろう。どう変わるかわからないけれど、変わることは間違いない。それを「ポスト・ヒューマン」と呼ぼうが「ホモ・デウス」と呼ぼうが、いまぼくたちが思い描いている人間とは似ても似つかぬものになりそうだ。大まかな見取り図はすでに出来上がっている。誰もが薄々感じているはずだ。将来の自分たちが遺伝子レベルで健康状態をチェックされ、毎年流行《はや》りのワクチン接種を受けながら、ベーシック・インカムによって肥育される家畜のようなものになることを。

これまでシンギュラリティとは人工知能（ＡＩ）が人間の能力を凌駕することと考え

られてきた。そうした未来像には修正が必要かもしれない。現在でもぼくたちの生活の大部分はＡＩに寄生することで営まれるものになっている。家畜たちが人間にたいして寄生的であるのと同じように、人間はＡＩにたいして寄生的なのである。これから激烈に起こってくることは、人間が遺伝子レベルで解析され、データとして処理されるということだろう。人間はＡＩの端末情報になる。

巨大な時代のうねりのなかで、「自分」や「自由」をどう考えればいいのか。人間らしい生き方を、どんなふうにデザインしていけばいいだろう？

11　自分であること、自由であること

生まれたばかりの次男の脳になんらかの障害があるらしく、最悪の場合は寝たきりになるかもしれないと言われたとき、ぼくが考えたのはまさにその「最悪の場合」だった。最悪の場合を覚悟した、というのとはちょっと違う。「寝たきり」という言葉に頭が占拠されて、他のことが考えられなくなってしまった。

こういうときには、あまり立派なことは考えられない。ぼくがとりあえず考えたの

は、自動車の免許を取ることだった。寝たきりの次男を車に乗せて、いろんなものを見せてやろうという作戦である。美しいもの、雄大なもの、不思議なもの、神秘的なもの……五体健常な子どもが体験する以上のものを体験させてやろう。それを自分の仕事というか、ライフワークにしよう。

このときぼくは二十八歳、バーバラがアレクサンダー・ルリアの本のなかで頭を銃撃された旧ソ連兵の話を読んで、「ここにわたしがいる」と思ったのと、ほぼ同じ歳である。さらにマーク・ローゼンヴァイクたちの研究から、脳が変えられることを確信し、自らが編み出した訓練法によって自分を変え、ついに自分をつかまえた。自分が自分に届いた、そのときの彼女とほぼ同じ歳である。

バーバラが自分をつかまえたように、ぼくも自分をつかまえたような気がする。「ここに自分がいる」と思った。自分という存在になんとなくピントが合った。寝たきりの次男を車に乗せて、日本中を走りまわろうなどと考える人間は、太陽系はおろか広大な宇宙を隈《くま》なく探しまわっても、たぶんぼくしかいない、というか間違いなくぼくだけだろう。「おお、そうなのか」という、ちょっと怖いような感覚だった。

同時に、奇妙に自由な気分でもあった。なぜ寝たきりの子どもをもつことが自由なのか？「自由」っていったいなんだろう？　人はみんな自由の刑に処せられている、というサルトル流の野暮ったい自由とは違う。もっとやわらかくて、ふわふわしていて、なかに芯が一本通っている感じ。悩みや心配事は自分以外のところにあり、自分のことまでは手がまわらない、という意味で自分のことにわずらわされない自由。自分をあまり気にかけなくてもいい自由。自分からの自由。

それは「自分に届く」ことと矛盾しているのではないか。ところがぼくの実感としては、自分が自分に届くことは、自分から自由になることでもあったのだ。子どもを得るとは、親になるとは、そういうことではないだろうか。その子のなかに包まれている海や空や風やブランコやシーソーや自転車を、ともに遊び戯れる日々の情景として実現していくこと。子どもをとおして、美しいもの、雄大なもの、不思議なもの、神秘的なものに触れること。このときぼくたちは「自我」や「自己」といった狭い世界から解き放たれ、そうであるがゆえに、まさに「ここに自分がいる」なのである。

１９９７年に公開された『タイタニック』という映画がある。１９１２年、イギリスのサウサンプトンからニューヨークへ向かう処女航海で、当時史上最高といわれた豪華客船が氷山と衝突して沈んでしまう。その船に乗り合わせていたのが、上流階級の令嬢ローズと、貧しい画家志望の青年ジャック・ドーソンだった。彼らは船上で運命的な出会いを果たし、身分や境遇を越えて愛し合う。そこへ事故が起こる。海に投げ出された二人は、沈没した船の残骸につかまりながら救助を待つ。しかしローズを助けようとして、自らは冷たい氷の海に浸かった状態のジャックは力尽き、「きみは生きろ」と言い残して海中に沈んでいく。

このときジャックは間違いなく自分に届いている。ぼくが次男との関係で「ここに自分がいる」と感じたように、「きみは生きろ」と言い残して海に沈んでいくジャックも、やはり「ここに自分がいる」と感じたはずだ。それは広大な宇宙で彼のためだけに用意された場所だ。ジャックにとって「自分」とは、ローズに向かって「きみは生きろ」という言葉を発しうる、ただ一人の者であることだ。

誰に強制されるでもなく、愛する者のために自分の命を差し出した彼は、この上なく自由だった。かけがえのない人のために喜んで自分を明け渡すことができるほどに自由だった。映画のなかのジャックの年齢はわからないが、たぶん二十歳くらいだろう。自分が自分に届くのに、バーバラは二十六年か七年かかった。呑気に生きてきたぼくも、ほぼ同じくらいの年齢で自分に出会った。ジャックの二十年は長いのか短いのか。

12　たくさんのビスケット

たくさんあるから　はんぶんあげるね
はんぶんになっても　まだたくさん
まだあるから　はんぶんあげるね
すこしへったけど　まだあるから
そのまたはんぶんあげるね
とうとうあとひとつになってしまったけど
それでもはんぶんにわってあげるね
つぎにきたこには　もうわけてあげられないから
のこったはんぶんの　ビスケットをあげるね
ぜんぶあげちゃったけれど
ビスケットとおなじかずの
やさしさがのこっているよ

（堀江菜穂子「たくさんのビスケット」）

本の帯には「脳性まひとたたかう〝声なき詩人〟」というキャッチ・コピーがあり、その下に「寝たきりのベッドで紡いだ『心』を呼び覚ます54編」と説明がある。これでだいたいの事情はわかる。わかりやすさを狙ってつくられたコピーでもあるだろう。ぼくもそうしたわかりやすさを踏まえて読むわけだが、詩の良さは月並みな「わかりやすさ」を超えている。帯に書かれた文言などどうでもよくなってしまう、とてもいい音色に溢れている。

技量や文学性といったところで見れば、けっして高級なものではないだろう。子どもっぽいし、稚拙といえば稚拙かもしれない。しかしそんなこととはまったく関係なく、この詩はぼくたちに何かを届けてくれる。それは専門化した文学性や芸術性を突き抜けて、はるかに本格的で根源的なものだ。言葉にするのは難しいけれど、たとえば宮沢賢治が『注文の多い料理店』の〈序〉で書いているようなことかもしれない。「わたしたちは、氷砂糖をほしいくらゐもたないでも、きれいにすきとほつた風をたべ、桃いろのうつくしい朝の日光をのむことができます」。

このビスケットの詩を書いた彼女はぼくの次男だったかもしれない。バーバラだったかもしれない。ある講演のなかで彼女はこんなことを言っている。いまでも多くの子どもたちが学習の問題に悩んでいる。彼らはかつてわたしが言われたのと同じことを言われつづけている。「自分の限界とともに生きていく術《すべ》を身につけなさい」。彼らは夢を描くことができない。わたしたち一人ひとりが認知的な意味で独自の強みと弱みをもっている。限界があるからといって、それを抱えて生きていく必要はない。わたしが見据えるのは自分たちの手でつくっていく世界だ。そこには障害による苦痛がつづくような人生を歩まされる子どもは一人もいない。

きっとバーバラも自分のやり方で詩を書いているのだろう。彼女が辛い体験のなかから生み出してきたものは、かたちを変えたたくさんのビスケットだったのかもしれない。はんぶんにわけても、さらにはんぶんにわけても減らないビスケットを、彼女もまた多くの子どもたちに届けようとしているのだろう。

13 パブロ・カザルスの言葉

チェロの近代的奏法を確立し、20世紀最大のチェリストとされるパブロ・カザルスは、1876年にスペインのカタロニアに生まれた。四歳でピアノをはじめ、つづいて手にしたチェロで頭角を現す。二十代のころバルセロナの楽器店でバッハの無伴奏チェロ組曲の楽譜と出合ったエピソードは有名だ。それまで顧みられなかった作品が広く知られ、その価値が見直されるようになったのは、彼が公開演奏をつづけたおかげだ。1905年にピアノのアルフレッド・コルトー、ヴァイオリンのジャック・ティボーとともに、いわゆるカザルス三重奏団を結成。世界各国を演奏旅行してまわる。同じころ指揮者としての活動もはじめている。

1939年、スペイン内戦のためフランスに亡命。スペインとの国境に近いプラードに隠棲する。1945年にフランコの独裁体制が成立すると、熱烈な共和制支持者だったカザルスは、各国政府がフランコ政権を容認したことに抗議して演奏活動を停止する。だが演奏活動への復帰を望む声は大きかった。そこで1950年、バッハの没後二百年を機に、ヴァイオリニストのアレクサンダー・シュナイダーなどが中心となって、カザルスを音楽監督とするプラード・カザルス音楽祭を開催、彼は九十歳の1966年まで出演しつづける。

1973年、心臓発作のために1955年以来移り住んだプエルトリコで亡くなったカザルスの、最晩年にあたる九十三歳のときの自伝が残されている。といっても本人が書いたわけではなく、インタビューをもとに編集したものだ。その冒頭で彼は語っている。

私はこの前の誕生日に九十三歳を迎えた。もちろん若いとは言えない。なにしろ九十歳を上回ったのだから。しかし年齢は相対的なものだ。人が仕事を止めずに、周囲の世界にある美しいものを吸収しつづけるならば、年齢を重ねることが必ずしも老人になることではないことがわかるのだ。少なくとも、普通の常識的な意味で年をとることにはならない。私は多くのことに今までこれほど感激したこともないし、人生は私にとっていよいよ魅力的なものになっている。

（アルバート・E・カーン編『パブロ・カザルス　喜びと悲しみ』吉田秀和・郷司敬吾訳）

カザルスの言葉から感じるのは、彼が不断に自分に届きつづけているということだ。九十歳を過ぎた老人が、「人生は私にとっていよいよ魅力的なものになっている」と嘘偽りなく言える。それは彼が新しい自分に出会いつづけているからだろう。どうやらパブロ・カザルスにとって、人が生きて年齢を重ねることは、たくさんのビスケットのようなものらしい。はんぶんあげても、まだある。少し減ったけれど、まだある。ビスケットは依然としてビスケットのままだ。

カザルスがはじめて自分をつかまえたのは十一歳のときだ。チェロという楽器との出合いを、彼はつぎのように回想している。「チェロを見たとき、私はうっとりとした。生まれて初めてだというのに。出だしの音をきいたとたんに私は圧倒されてしまった」。

つづいて十三歳のときにもう一つの出合いが起こる。先にも少し触れたように、彼は父と一緒に何気なく入ったバルセロナの楽器店で、古く色あせた一束の楽譜を見つける。表題にはヨハン・セバスチャン・バッハ「無伴奏組曲－チェロ独奏のための」と書かれていた。「私は驚きの目を見はった。なんという魔術と神秘がこの表題に秘められているかと思った。この組曲の存在を聞いたことは一度もなかった。誰一人、先生さえも私に話したことはなかった。なんのために私たちが店に来ているのかを私は忘れた。ただ楽譜を眺め、抱きしめるだけだった」。

カザルスの自伝を読んでいると、自分が自分に遅れることは、人間の大きな可能性かもしれないと思う。本質的な部分でもあるだろう。自分に遅れることで、ぼくたちは繰り返し新しい自分になることができる。そして遅れてやって来る自分は、自分に由来していない。どこか別のところからやって来るのである。

チェロという楽器やバッハの音楽との出合いをとおして、カザルスは自分を見つけた。チェロやバッハによって、彼は自分に届いた。ジャックにとってはローズだった。そういうかたちで「自分」は、どこか別のところから遅れてやって来る。これが「自分」と「自由」の根本にあるものではないだろうか。

ぼくたちは不断に自分に届きつづける。同じ本のなかで彼は、過去八十年間にわたって、一日をまったく同じやり方ではじめてきたと述懐している。ピアノに向かって、バッハの「前奏曲とフーガ」を二曲弾く。他のことをするなど思いもよらない、とまで言っている。

カザルスが毎朝、バッハの『平均律クラヴィーア曲集』を弾くことで一日をはじめるのは、毎回新しい出合いがあるからだろう。その出合いによって彼は毎日、毎朝、自分に届きつづける。そうして九十歳を過ぎた老人が、「人生は私にとっていよいよ魅力的なものになっている」と実感をもって言えるほどに、人は自由である。

もう一つ、カザルスが遺した言葉を紹介しておこう。

一秒一秒、私たちは宇宙のあらたな二度と訪れない瞬間に、過去にも未来にも存在しない瞬間に生きているのだ。（中略）だから子供たち一人ひとりに言わねばならない。君は自分がなんであるか知っているか。君は驚異なのだ。二人といない存在なのだ。世界中どこをさがしたって君にそっくりな子はいない。過ぎ去った何百万年の昔から君と同じ子供はいたことがないのだ。ほら君のからだを見てごらん。実に不思議ではないか。足、腕、器用に動く指、君のからだの動き方！　君はシェイクスピア、ミケランジェロ、ベートーヴェンのような人物になれるのだ。どんな人にもなれるのだ。そうだ、君は奇跡なのだ。（前掲書）

この世界に生を享《う》けること。それは驚異なのだ。ぼくが、あなたが、いまここにいることが奇跡なのだ。驚異や奇跡に優劣をつけたり、順番をつけたりしてはいけない。もちろん傷つけたり、損なったりしてはいけない。また驚異や奇跡を内包している自分を粗末に扱ってはいけない。

なぜ一人ひとりが驚異であり奇跡なのか？　それはぼくたちが自分に遅れているからである。自分に遅れることを宿命として生きているからである。遅れのなかで、誰もがかけがえのない人やものと出会う。カザルスのようにチェロという楽器やバッハの音楽と出合う。この出合いを、カザルスは生涯にわたって生きた。毎日、毎朝、新しいものとして生きた。

１９７１年、ニューヨーク国連本部でカタルーニャ地方の民謡である「鳥の歌」を演奏したときの音源が残されている。カザルスは九十四歳。演奏の前に短いスピーチがある。苦しそうに喘《あえ》ぎながら、簡単な英語で語りはじめる。もう四十年近く、公衆の前で演奏することはありませんでした。でも、今日は演奏します。「鳥の歌」という小品です。この鳥は「ピース、ピース、ピース」と鳴くのです。

これがカザルスの生きた驚異であり奇跡である。一人ひとりが自分という驚異を生き、自分という奇跡を表現していく。自分に届きつづけることで、たくさんのビスケットを贈りつづける。

14　マイナスnとしての人間

作曲家の池辺晋一郎さんが、人はみんな「マイナスn」の存在ではないかと言っていた。ぼくたちは何気なく「健常者」や「障害者」といった言葉を使う。目が見えなかったり、手足が不自由だったりする人のことを「マイナス」と考える。でも、それは違うのではないか、と池辺さんは言う。もしかしたら「健常者」であるぼくたちにもたくさん足りない部分があって、それが何かわからないだけかもしれない。

たとえば宇宙人から見ると、地球人には「あの感覚もない」「あの能力もない」といったことがたくさんあるかもしれない。とすれば、人間の基本仕様を「マイナスn」と考えるべきで、目の見えない人は「マイナス（n＋1）」、宇宙人や全知全能の神にとってみれば「マイナスn」の健常者と変わらない。そんなふうに人間を考えればいいのではないか。

なるほど。それで思い当たったことがある。情報環境学の提唱者であり、映画

『AKIRA』の音楽などで世界的に有名な芸能山城組を率いる音楽家でもある大橋力さんは、PETやfMRIなどによる最新の脳神経科学のデータをもとに、「非言語脳を動物に普遍的な脳の本体、言語脳モジュールを大型類人猿において脳本体から派生した付帯性の加速器」とするモデルを提示している（『音と文明』）。つまり人間の脳は高度に進化し成熟した非言語機能を基礎構造としており、その上に新参の言語機能が搭載されているということである。

非言語脳の祖型が誕生したのはナメクジウオなどの頭索動物においてで、いまから五億年以上前と推定されている。一方、言語脳の祖型となる大型類人猿の言語脳モジュールの誕生は約二千万年前、そして現生人類の言語脳の成立は百数十万年から五万年くらい前（かなり幅があるけれど）と考えられている。五億年を超える進化の過程からすると、現生人類に特有の言語脳の成立はつい最近の出来事である。仮に非言語脳の年齢を五十歳とすれば、現生人類の言語脳はせいぜい二ヵ月から、下手をすると数日のキャリアしかない。

人工知能（AI）は、この生後間もない言語脳を機械の上に実装したものである。また学習障害などの○○障害も、主に言語脳の機能の不具合を問題としている。しかし生まれたばかりの赤ん坊に過ぎない現生人類の言語脳は、これから長い進化の過程でさらに発達していく可能性がある。五万年後の人類から見ると、ぼくたちは大型類人猿みたいなものだろう。大型類人猿が自分たちの仲間を学習障害とか発達障害とか言っているわけである。言っている当の大型類人猿も、五万年後の人類から見れば「マイナスn」なのに。

　自然数nがどのくらいの大きさなのかわからないが、チンパンジーとホモ・サピエンスをくらべてみても、3や4ということはないだろう。かなり大きな数になると考えられる。おそらく「n≒n+1」くらいだろう。「n≒n+2」でもいいかもしれない。ヘレン・ケラーだって「マイナス(n+3)」だから、「n≒n+3」でいいのではないか。というふうに考えていけば、健常者の「マイナスn」と障害者の「マイナス(n+α)」はほとんど変わりがなくなる。

　とはいえ、ぼくたちの社会は「マイナスn」をゼロとして調律されており、「±0・5」くらいが「正常」とか「普通」とか考えられている。「+0・5」を超える人は「天才」とか言われるし、「−0・5」を下まわる人は○○障害としてラベリングされる。まして目が見えないとか耳が聞こえないといった「マイナス(n+1)」は現実には大きなハンディになる。「マイナス（n＋3）」を乗り越えたヘレン・ケラーは偉人として語り継がれるほどだ。いまのところ人間社会の仕様はそのようなものになっている。

物差しが「社会」や「学校」しかないと、ぼくたちはつらくなってしまうだろう。しかもこれらの物差しがあてにならないことは誰でも知っている。優秀な成績で小中高から大学へと進み、人もうらやむエリートコースを歩みつづけた人が、平気で嘘をついたり人を騙したり、やったことをやってないと言ったり、記憶にありませんとか認識しておりませんとか、にわかに認知障害を起こしてしらばくれたり、といったことをぼくたちは日常的な光景として目にしている。社会的に成功し、富も名声も得た人が、人間的にはまったくダメな人だったりもする。

にもかかわらず、多くの人が「社会」や「学校」という物差しにとらわれてしまう。これらの物差しによって統べられてしまう面が歴然としてある。だとしても、自分のなかに別の物差しをもつことはできる。池辺晋一郎さんのように宇宙人とか、大橋力さんのように大型類人猿とか。ぼくも一つくらい発明してみたいものだ。

自分の子どもがもし歩けなかった場合、「人間」という物差しだけではどこへも行けない。そこで漠然と、こんなことを考えてみる。この子の世界は、健常な人間がつくり上げた社会のなかには、あまり広がっていかないかもしれない。かわりに風や光や草花や虫や小鳥やおたまじゃくしたちの世界の近くに広がっているのではないだろうか。その世界は案外、ぼくたちが思っている以上に豊かなのかもしれない。

ユリア　ペムペル　わたくしの遠いともだちよ
わたくしはずゐぶんしばらくぶりで
きみたちの巨きなまっ白なすあしを見た
どんなにわたくしはきみたちの昔の足あとを
白堊系の頁岩の古い海岸にもとめただらう

（宮沢賢治「小岩井農場」パート九より）

ユリアがジュラ紀に、ペムペルがペルム紀（二畳紀）に由来する名前とすれば、宮沢賢治の物差しは数億年のスケールだったことになる。まさに大橋力さんがいうところの、非言語脳の祖型が誕生した時代である。そのころ地球上に現れたナメクジウオなどの頭索動物たちを、賢治は「遠いともだち」と呼んでいる。歩けない子の世界は、そんな遠いともだちのほうへ広がっている。そう考えれば、子も親もなんとかやっていけそうな気がする。辛さや苦しみに変わりはなくても、受け取り方は少し変わってくるのではないだろうか。

15　そうは言っても……

重い障害をもつ子どもを抱えた親の困難や苦しみには、余人の立ち入れないものがある。いくら共感に近づこうとしても、どこかで絶望的な気分になる。届くはずがないという、断念の気持ちに心がなえる。

子どもがＡＤＨＤや自閉症と診断されることは、曰く言い難い辛さや苦しみであるに違いない。現実の問題として、学校の授業に適応できないわが子をどうすればいいのか？　同級生や先生とまったく打ち解けることのできない子、みんなと一緒に坐っていることができない子、誰ともアイコンタクトがとれない子、両親以外の者が近づこうとするだけで、全身の力をふりしぼって叫びだす子、感情表現がなく、周囲で起こっていることに気づかない子、攻撃的で、言葉はほんの二、三語しか喋れず、多動性のためために夜もベッドで眠ることができない子、どんな物音にも過敏に反応し、音楽やテレビの音が聞こえてくるだけで両耳をふさぎ、苦痛に顔をゆがめる子……自分の子どもがそうした困難を抱えていたら、親はいったいどうすればいいのだろう?

バーバラが成し遂げたことは小さな希望になるだろうか。そうなればいいと思う。濃い霧のなかをさまよっていた彼女は、ほとんど独力で自分の脳を変えることに成功した。そして自分の体験を、同じ障害に苦しむ子どもたちにフィードバックするために学校まで作った。脳はとても柔軟にできている。正しい刺激を加えつづければ物理的にも化学的にも変わる能力がある。脳にはまた再生によって機能を回復する力もある。修復力が強い。

作業療法、認知療法、行動療法、食事療法、音楽療法、感覚運動療法など、さまざまな方法が考案されていて、それなりに成果が報告されている。やらないよりは、やったほうがいいということだろう。どんなものでも(少なくとも害がなさそうなものなら)試してみる価値はある。ぼくたちも次男にたいしてはボイタ法をはじめ、カイロプラクティックからピアノや習字を習わせることまで、ためになりそうなものはいろいろやってみた。実際にどれだけ効き目があったのかわからないが、なんらかの効果はあったのではないかと思っている。少なくとも、子どものために何かやってみることは、何もせずにいるよりは、親の精神衛生上好ましい。

薬はどうだろう？　投薬は解決策ではないという人もいる。医薬品では長期的な改善を得ることはできない。たしかにそうかもしれないが、毎日一緒に暮らす親としては無作法に振舞う脳にたいして、抗てんかん薬などの強い薬を使ってくれと言いたくなるのかもしれない。

1950年代に精神安定剤が発見されるまで、統合失調症の治療法は現在からすると身の毛がよだつようなものが多かった。インスリン・ショック療法ではインスリンによって意識を失うほど血糖値を下げ、そのあとグルコースの点滴によってもとに戻す。必要に応じて、電気痙攣治療やロボトミーなども行われたようだ。精神安定剤の登場で状況が好転したとは一概には言えない。幻覚や妄想といった陽性症状を抑える反面、その人の人格や心をゆるやかに破壊していくようなところがあるからだ。

それでも使ってくれと訴える家族は多い。ぼくたちが次男を連れて通っていた福祉センターで、同じようにトレーニングを受けていた子どもの父親は、担当の理学療法士に「手術で治らないんでしょうか」と真顔でたずねていた。何が正しくて何が間違っているのかは、当事者が判断するよりほかないのかもしれない。
一つとして同じ脳は存在しない、という意味では、同じ障害や同じ困難は存在しないと言っていいだろう。脳は一人ひとりの個性をつくり出している。障害や困難も、それぞれ一つきりのものだ。一つきりの障害や困難が、この世界に一つきりの親と子をつくる。

ミツバチやチョウや、色と香りのある花は、あらかじめ割り振られていた出番を舞台の袖で待ち受けていたわけではなかった――この世にまったく姿を見せない可能性もあったのだ。そういう虫と花は一緒に、何千万年をかけて、ごくわずかずつ形作られていった。
（オリヴァー・サックス『意識の川をゆく』大田直子訳）

生物の共進化のように、親と子も悩んだり苦しんだりしながら特別な関係をつくり出していく。だから正解はないと言うべきだろう。一つきりの親と子が、自分たちのやり方を編み出し、創造していくよりほかにないのだと思う。

16　父が遺してくれたもの

親の介護や看取りにも、似たようなところがある。何十年にもわたる親子の関係や、それぞれが歩んできた人生、経験してきたことなど、あらゆるものが反映されてくるので、やはり一つとして同じものはない。一般化もマニュアル化もできない。試行錯誤を重ねながら、一つひとつ手作りでやっていくしかないもののようだ。

十年ほど前に亡くなった父は、大腿《だいたい》を骨折したあと車椅子での生活へと移行していき、数年のうちに排泄、食事、嚥下《えんげ》と、できないことが少しずつ増えていった。重度の障害者そのものになっていったわけである。最後の数日間は酸素吸入を受けながら、ベッドの上でか細い息をつなぐだけだった。目も開けず、こちらの呼びかけに応えることもない。まさに生きるしかばねだ。

池辺晋一郎さんが言うように、人間は「マイナスｎ」を生きる動物である。ただ生きるだけではなくて、「マイナスｎ」を価値とすることさえできる。他人から見ればまったく役立たずの父の肉体を、ぼくは「かけがえのないもの」と感じた。苦しそうに息をするだけの存在、生きるしかばね状態でベッドに横たわる父こそ、誰がなんと言おうと至上のものだと直観した。この直観は、大橋力さんのいう非言語脳に由来するものかもしれない。

人が年老いていくことは、「マイナスn」が「マイナス（n＋1）」「マイナス（n＋2）」「マイナス（n＋3）」……となっていくことだろう。マイナスの部分が大きく膨らんで生の閾値を超えると、「死」と呼ばれるものになる。だがそれは無ではない。人の死は決して無などではない。「マイナスn」である人間が、最後に「マイナス∞（インフィニティ）」になっても、なお残りつづけるものがある。何が残りつづけるのだろう？

ぼくと父のケースでは、多くの心残りや後悔だった。治療や検査やリハビリにかんして、あのときああすればよかった、こうすればよかったということが、後出しジャンケンみたいにつぎからつぎに出てくる。とくに最後の半年間に父を襲った嚥下機能の低下、余儀なくされた中心静脈栄養（ＩＶＨ）の導入、とりわけ動脈血栓による右膝下の切断にかんしては、もっと医者にいろんな要求をすればよかった、スタッフに無理を言えばよかった、などと詮のないことを思ってしまう。

医療的な処置にかんしては、ある程度は仕方がなかったと諦めるにしても、自分を省みることについてはとりとめがない。もっとやさしくしてあげればよかった、気長に接してあげればよかった、頻回に見舞いに行ってあげればよかった、あんなことを言うんじゃなかった、邪険な態度をとるんじゃなかった……。

それなら生きているうちになんとかすればよさそうなものだが、やはり哀惜の情というものは、一度死んでもらわなければ生まれないようだ。存命中はどちらかというと父を持て余していた。身内というよりは、介護スタッフなど他人の目で親を見ていた。わがままですみません、さぞかし持て余しておられることでしょう、と彼らに同情していたわけである。

たしかに父の介護は大変だった。控えめに言っても手の焼ける患者だった。大腿骨骨折による手術のあと、二ヵ月ほどしてリハビリテーション病院へ移った父は、新しい施設での生活に馴染むことができなかった。とにかく家に連れて帰ってくれの一点張りで、端《はな》から順応する気がないらしかった。

父の要望に添うことは不可能に近かった。日常のあらゆることに見守りと介助が必要な父の世話を、家族や身内ですることは無理だ。どうしても他人の手を借りる必要がある。心理的に距離のとれるスタッフが何人も交代でやるからやれるのだ。父が望むように身内が世話をするとなれば、たちまち共倒れになることは目に見えている。

そんなふうに自分を納得させ、父の要望を退けながらも、一方では後ろめたさもあった。自分の親にこの程度のことしかできないのか、といった苦々しい思いがあった。それが親を看取るということでもあるのだろう。ところが父を亡くしてから惻々《そくそく》と迫ってくるものがある。同じ気持ちや思いが、父のなかにもあったのではないだろうか。ぼくたち以上にぼくたちに気を遣っていたのは、じつは父のほうだったのではなかったか。

障害に介入された子と親もそうかもしれないと思う。どんなことをしてもしなくても、親は自己嫌悪や後ろめたさにとらわれて苦しむ。またどんなことをしてもらっても、子のほうはうまく応えることができない。応えられないことが「障害」なのかもしれない。そのことに子どももまた、苦しんでいるのではないだろうか。

親が悩み苦しんでいれば、子どもにわからないはずがない。言語脳で理解できなくても、非言語脳では諒解しているはずだ。偉そうなことを言っても、言語脳は数日から数ヵ月の新生児に過ぎない。一方の非言語脳は数億年にわたって進化しつづけてきた大人である。大人の脳で、子どもは親を気遣っているはずだ。親以上に親を心配しているに違いない。

だから安心して苦しんでいいのだと思う。苦しみの渦中にある人には、なんの慰めにもならないかもしれないけれど、そんなことを想ってもいいような気がする。父が遺していってくれたビスケットのせいかもしれない。

ぜんぶあげちゃったけれど
ビスケットとおなじかずの
やさしさがのこっているよ

人が生きるとは、きっとそういうことなのだろう。

参考文献

●Barbara Arrowsmith Young『The Woman Who Changed Her Brain』
●マイケル・S・ガザニガ『〈わたし〉はどこにあるのか』（藤井留美訳）
●スティーヴン・ミズン『心の先史時代』（松浦俊輔、牧野美佐緒訳）
●ロバート・メリロ『薬に頼らず家族で治せる発達障害とのつき合い方』（吉澤公二訳）
●内山葉子、国光美桂『発達障害にクスリはいらない』
●新井紀子『ＡＩ vs.教科書が読めない子どもたち』
●松尾豊『人工知能は人間を超えるか』
●大橋力『音と文明』

あとがき

片山恭一

この本で伝えたかったことは、まずバーバラ・アロースミス・ヤングという一人の女性の半生だ。とはいえ、ぼくは個人的に彼女のことを知っているわけではない。英語で書かれた自伝と、幾つかのインタビューや講演、「アロースミス・スクール」のホームページ、オンラインでの何度かのやり取り……彼女について書くための材料は、そのくらいだった。

当初はカナダへ出向き、トロントあたりでお目にかかって、インタビューなども試みる予定だった。しかし折からのコロナ禍で断念せざるを得なくなった。そのぶん想像と創作に傾くことになったが、結果的にはよかったのではないかと思っている。

バーバラの自伝（The Woman Who Changed Her Brain）を一読して感じることは、ここに比類のない一人の女性がいるということだ。困難な自分の境遇と向き合い、ほとんど独力で運命を切り開いてきた女性。手を擦りむき、身体と心のあちこちに傷を負いながら。そうした体験を語る言葉には虚飾がなく、たしかに等身大の彼女がいると感じられる。

たとえばヘレン・ケラーの有名な自伝（『わたしの生涯』）にくらべると、バーバラの語り口のトーンは低く、少し翳りがある。ヘレンの本を「苦悩を突き抜けて歓喜へ」という観点からベートーヴェンの交響曲になぞらえるなら、バーバラの自伝の雰囲気はさしずめガブリエル・フォーレの作品といった感じだろうか。背負っている障害の質が違うのだが、ヘレンの自伝が随所に世界を発見し、いろいろなものに触れる驚きや喜びに満ちているのにたいし、バーバラの場合、苦悩を突き抜けたところに訪れるのは、もちろん喜びであるとともに、やっと人並みになれたという安堵感である。

それはバーバラの過ごしてきた日々が、ぼくたちが過ごしている日々と「地続き」ということでもあるだろう。彼女の苦しみ、葛藤、孤独、不安、絶望……それらは多かれ少なかれ誰のものでもある。彼女のことを紹介したいと思った動機の一つだ。

もう一つ、この本を書くことで、学習障害という事案を通して「人間とは何か」を考えてみたいと思った。人間がもっている様々な能力、そのプラス面を増幅させることならＡＩにもできる。むしろＡＩのほうが遥かに見事にやってのけるだろう。ＡＩの存在意義はそこにしかないと言ってもいい。人間はそういうものではない。マイナスから価値を引き出しうるのが人間である。マイナスが堆積してゼロになっても、なおそこに至高の価値を見出すことができる。

いかにマイナスを輝かせるか、それが来るべき世界の価値になっていくだろう。いくら輝いても、素材は「マイナス」だから交換の対象にはならない。一方的に贈与されるだけである。本文でも引用した詩の一節を再度使わせてもらえば、「ぜんぶあげちゃったけれど／ビスケットとおなじかずの／やさしさがのこっているよ」ということである。これ以上に「善い」ものが、あるだろうか？

そんなことを考えさせてくれた、バーバラさんに感謝したい。彼女のことを日本の読者にも知ってもらうために、バーバラの半生と、彼女がつくり上げたプログラムを紹介する本の出版を発案されたのはオマール・カンディールさんである。そして「本を書かせるなら、こんなやつがいますぜ」と売り込んでくれたのが、必殺仕掛人こと小平尚典さんだ。バーバラさんの自伝の翻訳では原田真帆さんのお世話になった。本の出版を引き受けてくれた文芸社の佐々木春樹さんともども、謝意を書き添えたい。

他にも名前をあげなかったけれど、無償で力になってくれた人、支えてくれた人が何人もいる。ぼくたちが目指したことは一つ、「善いものを届けたい」ということだ。分け与えても、分け与えてもなくならないビスケット、そんなものを一人ひとりが手づくりしていく世界にしたい。

バーバラ・アロースミス・ヤングについて（編集部注）

バーバラの物語は、「ヘレン・ケラーの功績に匹敵する、まさに英雄的なものです」。ニューヨーク・タイムズ紙のベストセラー「The Brain that Changes Itself」の著者、ノーマン・ドイジ医学博士。

バーバラ・アロースミス・ヤングは、アロースミス・プログラムの創始者です。このプログラムは、様々な学習困難の原因となっている認知機能の弱点を刺激して強化するための評価プロセスと一連の認知的エクササイズで、四十年以上にわたって世界中で実施されています。

1978年に開始された彼女の活動は、神経可塑性の最初の実用化の一つとして認められています。神経可塑性とは、簡単に言えば、脳が生涯にわたって変化し、再配線する能力のことです。アロースミス・スクールとアロースミス・プログラムのディレクターとして、学習困難な生徒のためのプログラムの開発と改良を続けています。

彼女のビジョンは、学習に悩むすべての生徒が、神経可塑性の原理を利用した認知プログラムの恩恵を受ける機会を得ることであり、脳の学習能力を変え、学習者に可能性のある世界を開くプログラムです。アロースミス・ヤング氏は、自身の研究を通して、脳を変え、認知機能を変え、学習能力を変え、社会的・情緒的な幸福を変え、未来を変えることが可能であることを実証してきました。彼女のビジョンは、すべての生徒が「夢を見る勇気」を持つだけでなく、その夢を実現するための認知的な強みを持つことです。

アロースミス・プログラムの認知的エクササイズは、バーバラ・アロースミス・ヤングの重度の学習障害を克服するための発見と革新の旅に由来しています。彼女の感動的な著書「The Woman who Changed Her Brain（脳を変えた女）」は世界的なベストセラーとなり、２０１９年12月には新たな研究結果をアップデートした第3版が出版されました。バーバラは、オンタリオ州の教育への優れた貢献が認められ、トロント大学のオンタリオ教育研究所から２０１９年Leaders and Legends Innovation Awardを受賞しています。

アロースミス・プログラムについて

アロースミス・プログラムは、特定の学習困難の背景にある弱い認知機能を特定して強化するもので、シャープ・ブレインズ社から「最も革新的な特別教育プログラム」として認められています。

アロースミス・プログラムは、世界中の90以上の教育機関で実施されています。神経科学者、神経心理学者、心理学者による継続的な研究により、このプログラムが脳や認知機能、学業成績を変えるだけでなく、社会的・情緒的な幸福につながることが実証されています。南イリノイ大学の研究では、「アロースミスのトレーニングの機能として神経可塑性があり、パフォーマンスが向上する」と結論づけられています。ではアロースミスの正確な認知的エクササイズは、脳の特定の領域やネットワークを活性化し、機能的に変化させるのでしょうか？　答えは、イエスです。カルガリー大学の研究者は、〝認知機能を強化することで、症状ではなく原因（認知障害）を対象とすることで、読解力、数学力、作文力が向上する〟と述べています。ブリティッシュ・コロンビア大学の研究者は、「ここでは、ワーキングメモリや注意力、学習、新しいことを学ぶ能力などを含む認知効率」についての話が出ているようです。これらは、学校生活や人生全般において成功するために、本当に重要な認知能力です。

■バーバラ・アロースミス・ヤング公式サイト

https://barbaraarrowsmithyoung.com/japanese/

バーバラアロースミス

著者プロフィール

片山 恭一（かたやま きょういち）

1959年1月5日愛媛県宇和島市に生まれる。1977年九州大学農学部に入学。専攻は農業経済学。1981年同大学卒業、大学院に進む。1986年「気配」にて『文学界』新人賞受賞。1995年、『きみの知らないところで世界は動く』で単行本デビュー。2001年に刊行された『世界の中心で、愛をさけぶ』は300万部を超えるベストセラーとなる。『死を見つめ、生をひらく』（NHK出版新書）、『世界の中心でAIをさけぶ』（新潮新書）、『世界が僕らを嫌っても』（河出書房新社）など著書多数。近刊に『あの日ジョブズは』（WAC）がある。福岡市在住。

霧のなかのバーバラ 学習しょうがいを克服した女性の物語

2021年11月30日 初版第1刷発行

著 者 片山 恭一

発行者 瓜谷 綱延

発行所 株式会社文芸社

〒160-0022 東京都新宿区新宿1－10－1

電話 03-5369-3060（代表）

03-5369-2299（販売）

印刷所 図書印刷株式会社

ISBN978-4-286-23348-2